輝いて生きる

高次脳機能障害
当事者からの発信

HASHIMOTO KEIJI
ISHII MASASHI
ISHII TOMOKO

橋本圭司✦編著
石井雅史・石井智子✦執筆

クリエイツかもがわ
CREATES KAMOGAWA

はじめに

２００８年、日本中が熱狂した北京パラリンピックで、私が主治医である競輪選手の石井雅史さんが、自転車競技１kmタイムトライアル（ＴＴ）（ＣＰ４）で1分8秒７７１の世界新記録をマークして、日本人選手として同大会最初の金メダリストに輝いた。

金メダル獲得の晩、私が自宅でテレビを見ていると見覚えのあるお顔を発見した。何と、石井さんの奥様、智子さんがＮＨＫの番組に生出演しているではありませんか。そして中継では、石井選手自身の姿も。今大会は、事故後、はじめて石井さんのお父様が試合を観戦に来てくださった、とのエピソードを聞かせていただいた。

うれしい気持ちで画面を見つめ、一ファンとして、その時私が見たのは、ちょうど車輪と両輪のようにお互いを支えあい、認め合い、そして、まとまりのある1台の車として走り出した石井さんご家族の団結した姿であった。

石井さんは、2001年7月16日、自宅近辺の山中にてロードワーク中に乗用車と正面衝突し、頭部外傷を受傷した。後遺症として、左下肢の失調に加え、易疲労性、発動性の低下、注意障害、記憶障害、そして遂行機能障害などの高次脳機能障害が残存した。当初は、疲れやすく、目もうつろな状態で、少し前に言ったことも忘れ、あれこれと指示を出されなければ、自分からは動けない状態であった。

病院での外来診療も手詰まりになりつつあったある日、石井さんが私に一言、「他には何もしたくないけど、自転車だったら触ってもいいな……」とつぶやいた。消え入るような声だったため、「何だって?」と問い返した。「だから自転車だったら今日から家で触ってみようかと思います」。この一言が、まさに彼の、そして彼の家族の進むべき長い道のりのスタートであった。その後の彼の目覚ましい回復と、幾多の輝かしい戦歴は、誰もが知るところである。

北京パラリンピックでの活躍の陰には、いくつかの高次脳機能障害による後遺症が影を落としている。銀メダルに終わったロードTTでは、彼は「残り4周のプラカード」を見落としている。もう1周あると思った時にはレースは終了していた。また、金メダルを獲得した1kmTTの当日も、会場入りするために携帯必須である選手証をホテルに忘れるという失敗を経験している。それらの症状は、注意障害や記憶障害、遂行機能障害といった高次脳機能障害の症状に一致する。実際に彼は、現在でも神経心理学的検査を実施すると、比較的重い記憶障害が残存している。

しかし彼は、これらの障害を抱えながらも前を向いて、ペダルをこぎ続けている。自分に障害がある人も、同じ障害で苦しんでいる人を助けることができる。むしろ、障害があるからこそ、助けることができる。当事者や家族、周囲の人々は、障害があることを嘆き悲しむあまり、何とか元に戻ろうとすることばかりにこだわってしまう。しかし、リハビリテーションの本当の意味は、元通りに戻ることではなく、そのような苦難に出会った時に、いかにそれと向き合い、自分自身がどう生きていくかを問いかけるプロセスにある。

高次脳機能障害と向き合うリハビリテーション、その本当の対象は、当事者ばかりではなく、それを取り巻く家族や周囲の人々の心の中にある。どんな状況にあろうとも相手を認め、自分自身が変わろうとする勇気、石井さんをはじめ当事者の方々とそのご家族たちは、そんな最も大切なスピリッツを私たちに教えてくれている。

２０１５年４月

国立成育医療研究センター医療安全管理室長
ＮＰＯ法人高次脳機能障害支援ネット理事長
橋本　圭司

輝いて生きる　高次脳機能障害当事者からの発信

もくじ

Part 4 当事者の声

Part 5 家族会・事業所の活動 93

本文デザイン・装丁／菅田　亮
本文イラスト／中原　じゅん子

Part 1

輝いて生きるということ

石井雅史さん…公益財団法人藤沢市みらい創造財団スポーツ事業課スポーツ事業担当。競輪選手だった2001年、交通事故で受傷し高次脳機能障害となり現役を引退。その後、障害者の自転車競技大会に選手として復帰し、2008年北京、2012年ロンドンのパラリンピックに日本代表として参戦。北京パラリンピック金メダリスト。

石井智子さん…エアロビクス・ヨガインストラクター。2001年、受傷後3か月の雅史さんと結婚。夫のサポート、3人の男の子の育児をしながらインストラクターとして活躍。

雅史　こんにちは、石井雅史です。藤沢市みらい創造財団、スポーツ事業部でスポーツイベントなどを担当しています。

智子　妻の智子です。よろしくお願いいたします。石井（雅史）さん、さっきから最前列で大あくびを連発してましたね。もう本当に失礼極まりないですねぇ。

雅史　すみませんでした。

智子　あくびが出てしょうがない時の対処法がありましたよね。

雅史　忘れました。

智子　忘れた？　姿勢を正して深呼吸。お水を一口飲んでください。もうだいじょうぶですね？

雅史　はい。よろしくお願いします。

雅史　この写真は事故後1か月くらいですが、何をしても失敗ばかりで全くやる気がおきなかった頃です。目に力がありませんねえ。自分でも見たくない写真です。

智子　やる気のなさの塊みたいな感じでしたね。受傷から5年くらいはリハビリも続かないし、作業所もやめてしまうし、放っておくと1日寝ていて、本当にグダグダでしたね。

事故から１か月後

雅史　自転車競技を再開してからは競輪選手として走っていた頃のように目が輝き始めたんですが、今日はそこに至る経緯をお話ししたいと思います。

智子　事故から5年後に障害者自転車競技を始めたわけですが、きっかけは何ですか？

雅史　はじめは競輪選手として復帰したくてリハビリをしてたんですが、どうしてもスピードが戻りませんでした。そのうちドクターストップになって引退の手続きをする時に「選手を続けたい」という気持ちを話したら、障害者自転車を紹介してもらったんです。障害者の競技があることはその時初めて知ったんですが、とにかく自転車が好きで、自転車に乗りたい気持ちでリハビリでお世話になっている橋本圭司先生に相談して、2006年から障害者自転車を始めることになりました。

智子　それまでの5年間は……

雅史　高校の同級生がサイクリングにつきあってくれたりしてました。初めて大会に出たのは2006年4月の日本障害者自転車競技大会ですが、中学時代のタイムより遅かった。

智子　それで何くそ！　もっとやりたいと。

雅史　そう思いました。ところがこの時のタイムは、障害者の中ではトップで、「世界選手権まで行ってみよう」ということになって、日本パラサイクリング連盟の強化指導が始まったんです。

智子　生活が急激に変わりましたね。頻繁に合宿をして、初めて出た国内大会の2か月後には世界に参戦。体はついていきましたか？

雅史　いや、大会前に肉離れを起こして自転車に乗れなくなりました。なんとか痛みを取ってもらって間に合わせた覚えがあります。

智子　そのスイスの世界選手権で銀メダルを取ったんですね。

雅史　4月の日本大会より1㎞あたり8秒タイムを縮めたんですが、これは普通ではなかなかできることじゃないんです。木の板でできた、当時日本にはないような軽くて走りやすいバンク（自転車競技場の走路）でしたが、世界選手権でベストタイムが出ました。

翌年の2007年は、ボルドーの世界選手権でさらにこのタイムを更新して金メダルを取りました。

智子　意欲的な、いい目になってますね。

雅史　してやったりと、本当にうれしかったです。目の表情がいいというより、体調がすごくよくなって、寝込むことがほとんどなくなりました。それに結果が出て称賛されるのは一番うれしいことです。家でも何か手伝ってほめてもらうとうれしい気持ちになって体調がよくなる気がします。

智子　世界一になって華々しい成績を収めたわけですが、困ったことや失敗はなかったんですか？

雅史　多々あります。自転車競技は学生時代からずっと続けているので体が覚えてるんですが、競技以外ではいろいろ失敗しています。イギリスのマンチェスター大会の時、空港の手荷物検査所に自転車の車輪を預けたまま飛行機に乗って紛失したことがあります。この時は大会が終わって帰国する時だったのでよかったんですが、出発の時に財布を落としたり、空港で監督さんを探してパニックになったり、そんな失敗はよくあります。

智子　行くたびにいろいろありますね。高次脳機能障害について、周りの人たちの理解はありましたか？

雅史　選手たちからはいつも「何をやってるんだ、いいかげんに自立してくれ」と言われていますが、北京大会までお世話になった斑目《まだらめ》秀雄監督は、失敗を重ねるたびに、高次脳機能障害はこういう障害なんだと理解してくださって、僕が失敗なくスタート台に立てるようにするのが仕事だと言ってくれてました。

スイスの世界選手権

北京パラリンピック

智子　周りに恵まれましたね。

雅史　はい。

智子　集団リハビリ（当事者や家族、専門スタッフがグループになって認知訓練やミーティングを行う）でみんなが目標や願い事を発表した時から、あなたは「北京で金」と言ってましたが、その時はまだ大会にも出てないし、橋本先生も「ちょっと飛躍しすぎてるから、もう少し日常に根ざした目標を……」となだめてたのを覚えてます。あの時はまさか本当に金メダルが取れるなんて誰も思ってませんでしたけど、北京でパラリンピックの舞台に立った時の気持ちは覚えてますか？

雅史　２００６年の世界大会に行く時から監督には「２００８年のパラリンピックでどうなりたいと常に描いてなければ達成できないぞ」と、毎日のようにしつこく言われてたので、「自分は表彰台の真ん中に立って君が代を聴いて、日の丸を上げるんだ」と強く意識してました。

智子　具体的なビジョンを掲げることを大事にしてたんですね。

雅史　そうです。実現するイメージをもつことを、監督に教わりました。

智子　ただ速くなりたいとかじゃなくて、具体的な目標を掲げて、そのためには何が必要か。

雅史　順々に段階を通して、今やるべきことは何かを意識しながらクリアしていきました。記憶障害があるので、一つひとつの目標を達成していけたのは、監督のおかげだと思います。

智子　ちょっと前はやる気のなさ100%だったのが、同じ人とは思えない表情ですね。少しきっかけがあるとこんなに違うんですね。

雅史　ちょっとしたきっかけで良くなったのはその通りですが、やりたいことができない心の曇りがやる気のなさになったと思います。私はとにかく自転車競技がしたかった。その一心でリハビリをしていたのに、ドクターストップでいきなり断たれてしまって、地獄のような日々でした。今こうして自分を表現できる私がいるのは、やはり自転車が救ってくれたからだと思います。

智子　それを自分で決めたのも、よかったんですよね。

雅史　自己決定です。ロードワーク中に転倒して「ヘルメットを割った」と泣いて妻の元に帰ってきたりしたこともありましたが、妻は「危ないからやめなさい」とは一切言わなかったし、自分でもやめようとは思いませんでした。危険がないように車のないところで練習したり、競輪場での練習を集中的にしたりとか、方法を変えながらパラリンピックをめざしました。

智子　どうしてもやりたいことがあったことが、すごくよかったんですね。

雅史　そうです。また自転車を止められて、あの平凡な日々に戻るなんて、とてもじゃないけど耐えられないと思います。自分の好きなことなら、どんなにつらいことでもがんばれるんですね。それを越えれば、もっと自分をワクワクさせるようなものが待っていると信じられる。だから、きつい練習メニューでも、練習にリスクがあっても苦にならないんだと思います。

智子　結果が出れば、嫌なこともつらいことも吹き飛んでしまうもので、それは人生と全く同じです。

雅史　遠征で何かを落としたり、なくしたり、たくさん失敗しても。

智子　それは代償ですから。

なるほど。私はこの劇的な変化を近くで見てきたわけですが、最近読んだ本で、とても納得できるものがありました。アメリカの経営学者マーカス・バッキンガムという人が、世界的に成功している個人や組織を調べた結果、「成功している人は自分の得意分野に注力して、そこをさらに伸ばしている。下手に弱みを克服しようとするよりも、得意分野をどんどん伸ばしていこうという視点で成功していることがわかった」（マーカス・バッキンガム『さあ、才能に目覚めよう』日本経済新聞出版社）そうなんです。

橋本先生もおっしゃっていますが、覚えられないから訓練するという考え方ではないんです。石井さんも覚えられないし、何をしても忘れちゃうんですけど、自転車に乗ることだけは大好きで、集中できる唯一のことだったので、そこだけに、本当に自転車に集中したんですね。そして環境が整っていました。結婚して、子どもが3人いて、自転車競技なんかお金にならないばかりか出ていく一方ですから、正直なところ、職業訓練でも受けて就職するのが先じゃないかという発想が一般的だと思います。それが幸運なことに、すぐに働かなくてもいい環境で、自転車をやりたいならやってくれという寛容な妻がいて（笑）。

雅史　それは、確かにそうです。

智子　「あなたね、自転車よりまずは仕事でしょう、仕事！　子どもだってどうするの？学費がかかるのに！」とは言わずに、「あなたがやりたいなら、どうぞ乗ってください」という妻だったから。

雅史　はい。感謝しております。本当にその許しがなければ、全く一歩も進まなかったと思います。

智子　「覚えられないなら認知機能のリハビリに行かなきゃ」と言うのではなくて、弱みをいかに克服するかと考えるのではなくて、自転車が得意ならどんどん乗りなさいっていう環境だったから、いい結果に結びついたんですよね。本を読んで、なるほどと思いました。

雅史　本当に愛されているなと思います。ありがとうございます。

智子　これは2009年、イタリアのパラサイクリング世界選手権のひとこまですね。

雅史　ゴール前70mで優勝争いでけん制していた時にちょっとふらついて、フェンスに激突しちゃったんです。50キロ近いスピードで走ってたので、頸椎と胸椎、脊椎を4本縦に裂いてしまったのと、両鎖骨と肩甲骨、肋骨が4本折れて、それが肺にささって血

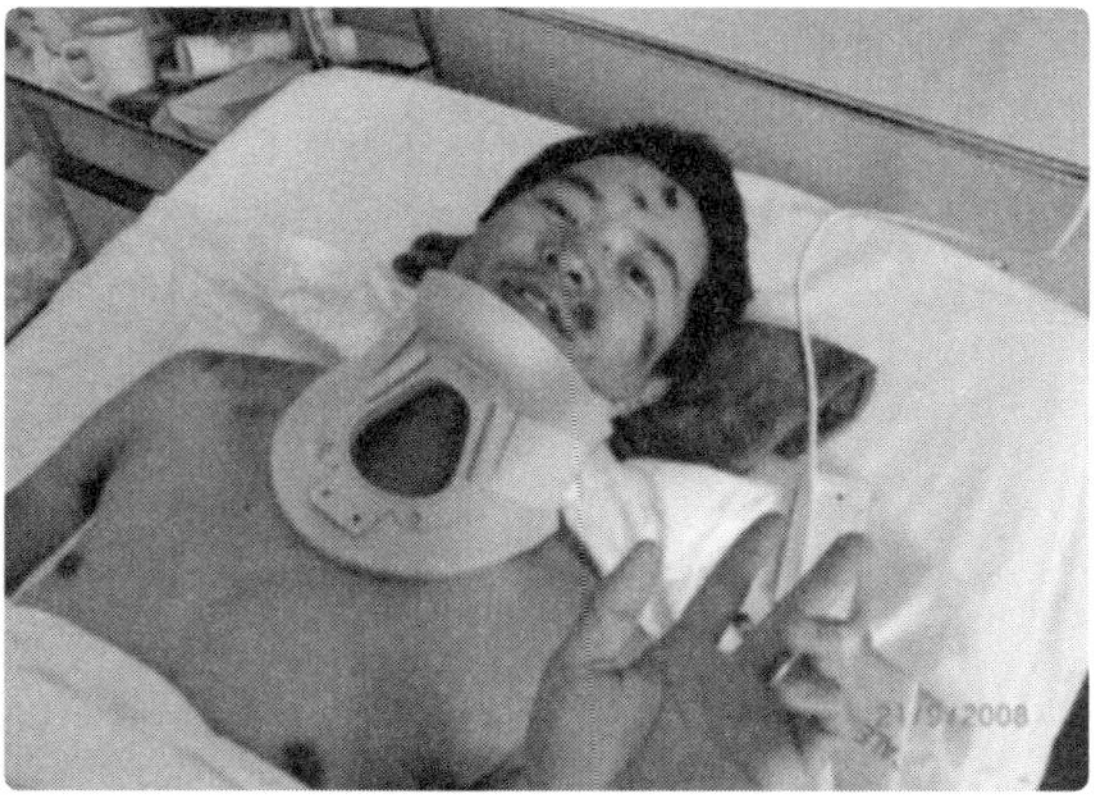

イタリアでの世界選手権で事故
病院に運ばれる

気胸を起こし、そのまま病院に運ばれました。小指と歯2本も折れて、計12本折れちゃったことになります。

智子　でも、この3年後にまた、日本代表としてロンドンパラリンピックに行きました。すごいですね。

雅史　イタリアの世界選手権でケガをした時は、右腕もまひしていて、正直、もう自転車には乗れないかなと思ったこともありました。イタリアから橋本先生に「帰国したら入院するから病室を一つ空けておいてください」と無理を言ってお願いして、またリハビリとトレーニングをしたんです。初めの事故の後も大変でしたけど、2回目の事故の後の２０１０年、２０１１年の世界選手権、それからワールドカップは、参加はしたんですが上位で走ることができなくて、ポイントが取れませんでした。２０１２年のロンドンパラリンピックの3か月前に最終選考会となった豊橋の大会をなんとか勝ち取って、いちばん狙っていた１０００ｍで最後の一枠にすべりこむことができたんです。大雨の日でした。

智子　それで、ロンドンで１０００ｍ走ってきたんですね。

雅史　成績は6位。メダルを持って帰れなかったのは、悔いが残ります。

智子　やはり出るからには……

雅史　結果を出して帰ってこないといけないと実感しました。成績が今ひとつだったので、もうひとがんばりしたいと思っています。

智子　なんだか前向きな発言ばかりですが、「そろそろ終わりか……」とは思いませんでした？

雅史　いや、負傷してやめるというのは、一番いやだと思っていたので、自分の意志でやめようと思う時まで走りたいと思っていました。ロンドンでは、競り合っていたイタリアの選手が優勝したんですが、その時のことを思い出すと汗が出てくるくらい悔しいです。

智子　そんなに好きなんですね、自転車が。

雅史　自転車は今、いちばん私の心を動かします。

ロンドンで家族や
お世話になっている方々と

智子　なるほど。ロンドンには日本からご両親も来てくれてよかったですね。

雅史　子どもたちや家族も来てくれました。イタリアで通訳してくれていた方も応援にかけつけてくれました。本当にありがたいです。

智子　お母さんは初めての海外だし、お父さんも英語はできないんですけど、レストランでお酒が飲みたくて、「お酒」「日本酒」と言っても全然通じなくて、大変でしたね（笑）。

雅史　大変でした。

智子　今は会社に勤めているんですね。

雅史　はい。北京のパラリンピックが終わってから藤沢市長のご配慮で、藤沢市みらい創造財団で働いています。障害者と健常者、子どもも含めてすべての人が参加できる「ユ

市民参加のスポーツイベント（仕事中の様子）

ニバーサルスポーツ」をメインにみんなで楽しめるイベントなど、スポーツイベントをからめて市民との交流を企画する仕事です。

智子　高次脳機能障害を抱えて、仕事で失敗したことや、迷惑をかけたようなことはありませんか？

雅史　一度、指定された時間と場所を忘れてしまって、日時を間違えてしまったことがあります。突然「どうしました？」って電話がかかってきた時はまだ家にいて、すっぽかしてしまったことがあります。

智子　一度じゃないですね。

雅史　……何回かあります。

智子　それでも理解して働かせてもらえる職場があるのは、ありがたいですね。

雅史　本当にありがたいです。

智子　最後に、みなさんに伝えたいことはありますか。

雅史　病院から日常生活に戻る時に、私には自転車という心動かされるものがありました。やはり何か心が動く、ワクワクするものがあるといいと思います。あまり病院に頼り過ぎちゃいけないんですが、医療側がそういうものをうまく採り入れてくれて、夢中

THE ALFEE
PERFECT BURN

になれることをもてるようになると、人は生きいきしてくると思います。ワクワクするものを提供する場がもう少し増えるのはとてもいいことだし、そうすれば病院から外へ、日常生活への連携がうまくできてくるのではないかなと思います。

（特定非営利活動法人高次脳機能障害者支援「笑い太鼓」、社会福祉法人朝日新聞厚生文化事業団が主催し、2013年11月16日豊橋市総合福祉センターにて開催された講演を編集しています）

Part 2

当事者から伝えたいこと

橋本　雅史さん、智子さん、今日はよろしくお願いします。はじめに雅史さん、競輪選手って、どんな生活をしてるのか教えてください。僕らには、競輪選手が日頃どうしてるのか、イメージがわかないもので。

雅史　競輪は、前検日と言ってレース前に検査日があるんですが、この日と予選、準決勝、決勝の3日とあわせて4日間がセットなんです。このセットが選手だった当時で平均2・4本。つまり、月に2本か3本ありました。だいたい、月の半分は各地の競輪場に行ってて、他の日はほとんど練習ですね。

橋本　その、まさに練習中に、地元で事故に遭ったんですね。どういう事故でしたか？

雅史　2001年7月16日で、とても暑い日だったのを覚えています。中学生の頃からいつも練習している、秦野市の峠でした。

橋本　中学の頃から練習してたわけですね。事故に遭った時はもうプロの競輪選手だったんですか？

雅史　20歳でプロデビューして、28歳の時ですから8年走ってました。出会い頭の正面衝突事故で、私は自転車で、相手は乗用車。

橋本　事故当時のことは覚えてますか？

雅史　うーん、山道を下ってる時のことは覚えてるんですけど、ぶつかる直前から全く記憶がありません。

橋本　ぶつかる瞬間のことは？

雅史　覚えてないです。気づいたらベッドの上でした。

橋本　一般の人は頭を強く打ってふらっとするくらいのことはあっても、死の淵をさまようような意識不明の体験はしたことがないわけですが、それはどんな感じなんですか？

雅史　夢というか、本当に走馬燈のように小さい頃からのことがどんどん浮かんで、中学で自転車を始めて、初めて箱根に登って、その時の景色が目に入って。まさに映画を見ているように、フィルムが回っているように動画として見ていました。

橋本　バックミュージックは流れてましたか？

雅史　いや、それは流れてないです。

橋本　音楽はなくて、まさに走馬燈なんですね。で、この時智子さんは何をしてたんですか？

智子　仕事から家に帰ったら彼のお母さんから留守電が入ってました。「雅史が事故に遭ったから病院に来てほしい」というメッセージを聞いて、慌てて病院に行きました。結婚が決まって二人で新居に住み始めて5日目のことです。

雅史　2、3日後には入籍しようと話していた時ですね。

橋本　そうですか。ところで雅史さんは今もいい男ですけど、28歳の時というと、今よりもっとムキムキでしたか？

雅史　今より体重はもっと絞れていましたね。

橋本　性格はどうなんですか？　明るいイケメンでした？

雅史　イケイケで……（笑）。

智子　いえ、ごらんの通りの、あたりの柔らかい感じです。

雅史　自転車に乗ると性格が変わると言われてきました。

橋本　智子さんは？

智子　当時は27歳でしたが、バリバリのエアロビクスのインストラクターでした。いろんなトレーニングをして、何というか、今よりもっとパンとしてました。

橋本　腹筋が割れてたとか。じゃあ、二人とも……

智子　体育会系です。

橋本　大体のイメージがわきました。話は戻りますが、病院に駆けつけた時、彼はどんな状態だったんですか？

智子　静かに寝ていました。頭だけをひかれたような感じで外傷はほとんどなくて、体はきれいでした。ただ、いくら話しかけても反応が薄いんです。「石井君、石井君」って何度も何度も耳元で大きな声で呼ぶと、やっとうっすらと何となく目を開けるという反応でした。

雅史　その時は三途の川を見ていたと思うんですが、流れてくるものが全部好きな自転車に変わっていくので、面白いなあと思ってました。

橋本　全部自転車に変わるんですか。面白いですねえ。

雅史　そうなんです。自転車が今度は何に変わるのかなあと見ていると、「石井君、石井君」ってすごく悲しい声が聞こえてくるんですね。でも、なぜか振り返るのがとてもつらいんです。

後ろを見ると、運河のような大きな川があって彼女の悲しい声が聞こえてきて、私は向こうに行って彼女に謝らなきゃいけない気持ちでした。それで、一歩踏み出したらベッドにいたんです。その時のことは、はっきり覚えてます。

橋本　欧米、特にアメリカでは2、3か月も意識がないと呼吸器を抜いてしまうそうです。半年間意識障害だった人が生還するというのがありますが、これは、日本だからかもしれません。意識障害があっても触ったり声をかけたりする甲斐はあるんですね。

雅史　手足は動かなくても、不思議と耳は聞こえたのを覚えています。

橋本　すごいですね。イタリアで2回目に事故に遭った時も、意識を失ったんですか？

雅史　あの時は、肺がつぶれて少しの間意識を失ってましたが、目が覚めたら体にいろいろ管が通っていて「ここはどこだろう？」と思いました。息は吐けるけど吸えないし、声が出なくて苦しかったんですが、「痛い、苦しい」のがわかるということは、「頭はだいじょうぶだ」と思いました。

橋本　なるほど。頭はだいじょうぶというのが自分でわかるんだね。事故の映像はインターネットでも流れたらしいけど。

雅史　ＹｏｕＴｕｂｅや、イタリアの国営放送でも流れました。ヘルメットが飛んで、真っ二つに割れて粉々になってました。

橋本　頭を直にたたきつけられて、何針か縫ったんですね。本当に世話のやける夫ですねえ。

智子　本当にそうです。初めは鎖骨と肋骨がちょっと折れたみたいな話だったんですが、後になって「実は頸椎や、あちこちにひびが入ってる」と言い出しました。手足は動くけど一人では無理だとか、来てくださいとは言わないけど、必要なんだというようなことを電話で言ってきたんです。私も仕事があるし、急にイタリアなんてどうしようと思いましたが、子どもをおじいちゃん、おばあちゃんに預けて飛行機に乗りました。行くと、彼は全く動けないんですけど、何かちょっと笑ってて……。私が来たのがすごくうれしかったみたいです。

雅史　いやもう、どんな点滴よりも効く薬です。

智子　堂々とよく言いますねぇ。

雅史　いや、本当にありがとうございます。

橋本　まあ、ごちそうさまでした。それで2回目の事故は、脳じゃなくて腕神経叢損傷《わんしんけいそうそんしょう》で右手にまひが出て、それでも復帰したわけですが、これはちょっと普通じゃないですよね。

雅史　先生がいつも言ってるじゃないですか。必ず治ってよくはなるけど、元通りにはならないって。自転車にも乗れるしブレーキも握れますから、それでよしです。

橋本　そう思えるんだね。

雅史　はい。

橋本　ところで家族はどんな気持ちでしたか？　事故に遭って、まず「え～っ！」って思うよね。

智子　2009年の2回目の事故の時は、正直驚かなかったです。2001年の最初の事故の時は外傷がなくて、目には見えない脳の障害・高次脳機能障害に対処するのがもう本当に大変でした。2回目の時は、骨を折ってもそのうちくっつくだろうし、肺が破れてもそのうち埋まるだろうし。目に見える障害はそういう経過がわかるから、「まあ、またやっちゃったのね」くらいの気持ちでした。

橋本　すごいですねえ。異常な二人ですね（笑）。北京のパラリンピックで金メダルを取ったことの方をほめる人が多いと思いますが、2回目のロンドンは、こういうと失礼だけれども、40歳前の年齢で、腕神経叢損傷というもう一つの身体障害プラス高次脳機能障害を抱えて6位に入賞したんでしょう。私はこっちの方がすごいと思いますが、世間はやっぱりメダルなんですね。

雅史　はい、メダルを持って帰ってこないと、相手にしてもらえないです。

橋本　2回目のロンドンは家族全員で応援に行ったんですよね。

智子　北京の時は子どもも小さくて行けなかったんですけど、これだけのケガを乗り越えて、再び復帰してパラリンピックの切符を手に入れた。多分これが最後だろうなと思うと、一度くらい世界の大舞台に立つ彼の姿を子どもにも見せたいと思いました。トラック競技はものすごい緊張感というか、緊迫感がありました。

雅史　ロンドンのファンは自転車競技を昔からよく知っていて、お客さんたちがすごく応援してくれるんです。歓声の中で競技する姿を子どもたちに見せられたのはすごく価値があったと思います。

驚いたのは、オリンピック選手村から出てちょっと行くとショッピングモールがあるんですが、そこで買い物をしていると人が寄ってくるんです。「ジャパンだ、ジャパンだ！」と人が集まってきてサインをせがまれました。北京の時は町の人たちとは目線を合わすことすらなかったんですが、ロンドン市民、イギリスの国全体がパラリンピックへの関心が高いと思いました。

橋本　ロンドンの人たちは、哀れみなんてみじんもなくて、心から敬意をもってるんでしょうね。

雅史　そう思います。実は、ロンドンはパラリンピック発祥の地なのでバリアフリーが進んでるのかと思ってたんですが、行ってみると階段や段差が多くて、東京の方がはるかにバリアフリーでした。でもロンドンでは、大会に関係ない人でも、誰かが困っているとすぐ声をかけてくれる。すぐに手を出すんじゃなく、まず声をかけて「お願い」って頼んだら手伝うわけです。車いすの選手なんかは急に手を貸そうとすると怖いので嫌がるんですが、声をかけて、頼まれたら手助けするということが、みんな自然にできてるんです。

橋本　それはすごい。東京オリンピックには選手で出るのは難しいでしょうけど、そこで感じた素晴らしさをぜひ伝えてもらいたいですね。我々も学んでいかなきゃいけないと思います。
イギリスでは雅史さんのような人のことを、「スーパーヒューマン」と呼ぶらしいですね。スーパーヒューマンというのは本当にいい言葉ですね。当事者だけじゃなく、家族もスーパーヒューマンです。事故やケガ、障害に遭った人たちは、何か選ばれた人なのかなあと思います。さっき僕は「異常だ」と言いましたけど、スーパーヒューマンズなんですよ。

橋本　ところで、今日のパンフレットにあるあなたの文章が素晴らしい。
「けがをしたことは一時的にはマイナスですが、私の経験で同じような悩みを持った人が少しでも元気になったと思っていただければ、私が生かされた価値があったと感じます。人から支えられたら、今度は少しでもお返ししたい」

雅史　お返ししたいのは、基本は夫婦間のことです。支えてもらったのと同じくらいはできないけど、少しくらいはお返ししたいという気持ちです。人としての支え合いは、原点だと思います。

橋本　大事なことなんですけど、今のお二人は人もうらやむカップルですが、最初からこうだったわけじゃないんです。二人が絶望の渕にいて、もうこのまま離婚するんじゃないかという時期があったのも、私は知っています。でも、ここまで来た。みなさんの前で人生って素晴らしいと言えるようになって、二人にしかできない役割を果たしていると思います。

どんな方にも人生の分かれ道があります。中には一家離散になって大変な人もいますし、自殺した人もいます。感謝のスパイラルにはまっていけるか、絶望のスパイラルにはまっていくかは、どこで分かれるのでしょう。元の性格がポジティブだったこともあるかもしれませんが、今に至ったのは何がポイントだと思いますか？

智子　今思い返すと、最初の事故の時は会話も全く成り立たないし、「なんでこんなことになったの！」と、本当に絶望と混乱の渦の中でした。何とか気持ちを立て直して生活できたのは、一つは仕事をしていたことが大きいと思います。彼の看病ばかりだとつぶれていたかもしれません。私はエアロビクスのインストラクターなので、思いっきり笑顔を振りまいて元気を提供するのが仕事です。レッスン中も頭は真っ白でしたけど、やってるうちに自分を客観視できるようになりました。つらくて泣いてるより、無心に体を動かして汗をかく方が気持ちが切り替わって「だいじょうぶだ」と思えたり。もうダメかなと思っても、仕事に行っていろんな人と話をしているうちに「もう少しがんばれる」と思ったり。切り替えられる場があることは、とても大事だと思いました。

橋本　食べていくための職業というより、そこに行くと救われるというか。彼にとっての自転車のようなものでしょうか。

智子　そうですね。混乱期はそうして乗り越えました。少しずつ落ち着いて、彼のリハビリが始まり、家事や育児にどっぷりの生活になると閉塞感で押しつぶされそうな気持ちでした。その頃、橋本先生のリハビリに通ったり、パートに出たりしてちょっと日常から離れる時間ができたのは良かったです。

人生は誰でも公平にプラスマイナスゼロだと思っています。たとえ目に見える状態のプラスが訪れないとしても、援助してくれる人が後から現れるかもしれないし、人生はそんな悪いことばかりじゃないという価値観を学びました。

橋本　ふつう、そうは思えませんよね。つい絶望して悪い方に考えてしまうと思いますが。雅史さんはどう思っていますか？

雅史　私も、選手に復帰できないのに結婚して家庭を築くなんてどうするのかと思いましたが、私が慌てる前に彼女が「あなたが働けなくても私が働くからいいわよ」と言ってくれて、その一言で救われました。当面は競輪の共済制度を利用して何とか生活できましたが、そろそろ仕事を探さなきゃという時に自転車競技を始めることになって。とりあえず2008年の北京大会まではがんばろうというのでトレーニングに集中していました。北京で金メダルを取った後、市長のあっせんで就いたのが今の仕事です。以前はイベントのお手伝いだけでしたが、これから日勤を増やそうということで調整が始まっています。

橋本　会場には当事者の方が何人かおられますが、当事者として伝えたいのはどんなことですか?

雅史　そうですね。仕事や結婚もそうですが、「その時」は必ず来ると思うので、タイミングをじっと待つことでしょうか。自分の気持ちも整理できますし、慌てて動き回るよりその方がいいと思います。

橋本　無理して行動せず、焦らないということね。実は僕も大学の医局の人事で神奈川リハビリテーション病院に行き、高次脳機能障害に関わることになりました。今はこうして講演をしたり本を書いたりしてますが、最初は嫌でした。選んでこんなふうになったわけじゃないし、基本的には頼まれたことしかやりません。立場は違うけど、頭で考えるとうまくいかないというのは同じかもしれませんね。

雅史　先週も横浜で障害者の授産施設の集まりで講演をしましたが、みなさんすごく真剣に聞いてくださって、こちらが元気をもらえるんです。一緒にその会をやっているんだなという強い一体感がありました。

橋本　なるほど。家族としてはどうですか。

智子　私たちはリハビリの過程で橋本先生に出会って、画期的な方法を体験したり、周りに恵まれていたと思います。出会いが出会いを呼んで、今ここに座っているような気がします。無理してアクションを起こそうとしたことはなくて、自然な流れの中で今ここにいるような感じです。

橋本　そうですか。ところで、ロンドンオリンピックも終わりましたが、これからの10年はどうしていきたいですか？

雅史　しつこく、トレーニングを続けています。やはりメダルを持って帰りたいので。

橋本　しつこいですね、あなたも。

智子　しつこいです。

橋本　智子さんは、これからの10年はどう歩んでいきたいですか？

智子　私は、あまり保守には走りたくないなというか、いくつになっても聞く耳をもっていたいと思います。夫も来年で40歳になりますが、年を取るとだんだん経験則におぼれるし、新たな提案を受け入れにくくなりますよね。

彼が家でゴロゴロしていて私が家事と育児に追われて閉塞感の塊の毎日だった頃、橋本先生の集団リハビリで、「雅史さんが子守をして、智子さんがパートでも外に出ればいいんじゃないか」という提案をいただいたんですね。それは、普通はやらないことです。夫婦で話し合って、「息抜きしたいのでパートに行くから、あなたは子どもを見てくれないかしら」と私が言っても、彼は絶対に嫌だと言うに決まってます。橋本先生の提案だとしても、「ちょっと無理ですね」と言ったと思います。でも、集団リハビリで大勢の人が集まった中で、みんなで考えた結果そういう結論になって、彼はその提案を受け入れざるを得ない雰囲気だったんです。

私がパートに出るなんて無謀に見えましたが、実際やってみるとそこに突破口があって、私たちは無理と思っていたことも、踏み出してみると新たな局面が開けた気がします。いくつになっても、そんなことは無理とか、自分のことは自分がよくわかってるからとか、そういうことは言わないようにしたいと思っています。

雅史　あの提案がきっかけで、いつもしかめっ面していた妻が変わりました。2、3時間のパートでしたけど、ものすごい笑顔で帰ってきたんです。私も、子どもの世話でヘトへトでしたけど、あの笑顔を見た瞬間に心が洗われて私も元気になりました。やはり家族の笑顔があるのは、すごくいいことです。

橋本　オレンジクラブ（２００４年から東京医科歯科大学で行われた交通事故による被害者を中心とした高次脳機能障害者と家族の支援プログラム）の集団リハビリは、当時は北海道から広島から、全国から毎週集まっていろんなことをしましたね。

雅史　あれがきっかけで、本当に変わりました。

橋本　そうですね。こうしてまた、雅史さんと智子さんと話をさせていただく機会をいただいたことに本当に感謝したいと思います。

（特定非営利活動法人高次脳機能障害者支援「笑い太鼓」、社会福祉法人朝日新聞厚生文化事業団が主催し、２０１３年11月16日豊橋市総合福祉センターにて開催された講演を編集しています）

Part 3

高次脳機能障害と当事者との接し方

一人の人としてみる

交通事故や脳卒中などで脳に損傷を負った場合、急性期の治療はやはり適切な専門家がいる病院で行うべきです。急性期から回復期の半年から2年くらいは病院でのリハビリもいいでしょう。しかし病院には、患者や家族の将来まで見すえた支援ができる経験をもつ医者やセラピストはかなり少ないと思います。

たとえば私の病院では、神経だけ診るグループ、腎臓だけ診るグループと細分化されています。心と体、臓器を専門別に分けているのです。近代医療がそれぞれの専門性を細分化して発展してきた結果です。しかし、高次脳機能障害は脳だけが問題なのではなく、社会生活の中でさまざまな問題が生じるのですから、体と脳を分けないで「一人の人」として向き合っていかないと解決しません。病院では、高次脳機能障害のリハビリは難しいのです。

障害と特性は表裏一体

高次脳機能障害の人たちは正直なので、場にそぐわない発言をします。これを「何でそんなこと言うの、ダメじゃない」と感じるか、「本当のことを言っているな。でも、ここで言っちゃうときついな」と受け止めるかは、私たち周囲の者がどう理解するかによって変わります。

結婚を決める理由と離婚の理由は大体同じだという話があります。結婚前に「男らしい」と思う人と結婚すると、ドメスティックバイオレンスで離婚する。「優しい」人と結婚すると、優柔不断で離婚するというのです。

こんな話もあります。発達障害のお子さんを抱えた女性が、大変有名な児童精神科医の先生の講演会に行った時、こんなやりとりがあったそうです。

「うちの息子はアスペルガー障害なんです」

「私は40年間この分野にいるが、アスペルガーを治療する薬や治療法は知らない」

お母さんはがっかりして、さらに質問を続けました。

「先生の話を聞いてると、どうも私の夫もアスペルガーです。夫もよくなりませんか」

「よくなりませんね」

「先生、本当にがっかりです」

「でもね、それは運命ですよ。ご主人にしても息子さんにしても、あなたじゃなければみられないじゃないですか。あなたはご主人のまじめさが好きで結婚したんじゃないんですか。もう一度、そういう目で見てごらんなさい。融通がきかないと言いますけど、この融通のきかなさこそ、あなたが結婚を決めたまじめさではないのですか」

私は、高次脳機能障害の当事者の方たちが好きです。私はたまたまこの分野に関わるようになりましたが、今まで長く続いているのはなぜかというと、当事者の方たちと話すのが楽しいからです。彼らはとてもまじめですし、話をしていると、彼らと僕と、どちらが障害者なんだろうと思うことがあります。重要なのは、障害と特性は表裏一体だということです。

支援対象は家族や当事者を取り巻く環境すべて

支援の対象は、当事者自身だけではありません。発達障害も高次脳機能障害も、多くの場合困っているのは本人ではないんです。もちろん当事者自身も社会的なことやいじめ、就職など二次的なことでは困るかもしれませんが、本人は意外と困っていないものです。

本当に困っているのは家族です。ある日突然、大切な夫や子どもが事故に遭ったり脳損傷になった。あるいは、大切な両親が認知症になった。こういう時、困るのは家族なんです。でも、医療では家族を治すことができません。また、現在の制度では専門家が家族に対応することは非常に難しいです。家族を含めて、本人を取り巻く環境すべてを支援の対象として対応することが大切です。

ポジティブな支援

高次脳機能障害者がよくなっている家庭には共通点があります。それは、家族が元気になっていることです。新しい価値観を許容し、受け入れていくことができた家族は当事者も非常にいい顔をなさっています。ポイントは家族です。

口数が多い否定的な養育者はうまくいきません。「○○しちゃダメだと言ったでしょう！これもダメ、あれもダメ！」ではなくて「今日はちょっとできなかったけど、こうしてみたらどう？」と提案する、ポジティブな支援が重要です。悪いところ、苦手なことを鍛えようとするのではなくて、よいところ、得意なことを伸ばす視点が重要です。

10年後、20年後を見すえたプランを

高次脳機能障害の子どもは将来、大人になります。成人の方なら、やがて高齢者になります。夫が脳損傷になると妻、妻が脳損傷になると夫、母親が脳損傷になったら娘、どなたかがついつい一人で抱えてしまうことが多いのですが、これはいけません。1対1の関係は泥沼になりますから、必ずみんなで支えてください。

「世代交代してくださいね。いつまでもお父さん、お母さんがみていたのでは、子どもたちは急にお父さん、お母さんがいなくなってしまったら困りますよ。ですから、今から子どもさんたちにお父さんの面倒をみさせてあげてください」

私はいつもそう言うのですが、親御さんたちはみんな

「いや、子どもたちに迷惑をかけられない」とおっしゃいます。しかし、それは決して迷惑じゃないんです。将来に備えて、世代交代をすることが重要です。10年後、20年後、その方を支えていける人を育てるという視点が重要です。

高次脳機能障害

「高次脳機能障害」という用語は医師でも説明が難しいのですが、わが国ではそう呼ぶことになっています。簡単に言うと脳の機能で説明のつく心の障害といえますが、この場合の心の障害とは、脳の障害で説明のつく認知機能の障害のことです。

高次脳機能障害の問題を抱えた方は、親戚や身内の方を思い浮かべていただくと、必ず一人はいらっしゃるはずです。たとえば私の病院では、出産年齢の高齢化が進み、お産をするお母さんの平均年齢は36歳、お父さんは40歳近くです。少子化で子どもの数は減っていますが、合併症などハイリスクの子どもは少なくありません。周産期医療の技術は向上していますので、障害をもって生まれてくる子どもの率は増えているように思います。

発達障害の子どもは、一昨年の文部科学省の調査では全小・中学校に5～6％いるということですが、彼らも高次脳機能の問題を抱えています。成人すれば交通事故や脳血管障害から、まさに高次脳機能障害と診断を受けるかもしれません。加齢に伴って認知機能が低下すると認知症と呼ばれますが、認知症の抱える問題も、高次脳機能障害と共通しています。

このように、広く見てみると、一生の中で高次脳機能の問題を抱える人は身近に一人はいらっしゃると思います。つまり、高次脳機能障害の方にどう接するかという問題は、誰にとっても無関係なものではないのです。

２００１年に高次脳機能障害支援モデル事業が始まり、診断基準や制度が整ってきました。私も当初から関わってきましたのでもう15年になりますが、医師をはじめとする専門職だけでさまざまな問題に対応するには限界があると感じています。これからの時代は、当事者の体験、経験から解決策を学ぶことが大切です。当事者のみなさんから、教科書やデータではわからない解決策や対応法のヒントを学ばせていただく時代に入ったと思います。

私が説明する症状や対応法も、本当にそれで合っているのか、実際に体験された当事者のみなさんと一緒に考えていきたいと思っています。

疲れやすい

易疲労性（いひろうせい）

いつも姿勢が悪く持久力がない、あくびばかりしていたり、視線が合わず呼びかけても反応が鈍い、座ったままの姿勢を保持できない症状を易疲労性といいます。専門用語では神経疲労とか精神疲労といわれています。高次脳機能障害の方は「疲れやすい」症状が起きやすいのですが、調子がよい時は元気なので、周囲から見るとわかりにくいようです。

●疲れやすさへの対応

最近の研究で、疲れの原因は脳が血流不足になることだとわかってきました。脳にうまく酸素が供給されないのです。ですから対応法は簡単で、要は脳に酸素を送ればよいのです。私はいつも「深呼吸をしてください。深呼吸が難しければ緑の中を散歩するだけでもいいです」と説明します。脳に酸素を補給するのが、いちばんのリハビリです。

　私がお勧めするのは、姿勢を正して、深呼吸とストレッチをすることです。これには根拠があります。姿勢を正すと目線が上向きになりますから視野が広がって、脳への刺激が増えます。深呼吸をすれば脳に酸素が供給されます。腹式呼吸もリラックス効果があります。筋肉の緊張が緩和され、脈拍や血圧が下がり、副交感神経が優位になります。体がリラックスすると、脳に酸素が行きやすいと言われています。また、人間は疲れるとついゴロゴロしてしまいますが、運動が疲労回復につながることがわかってきています。ストレッチをすることで血液循環がよくなり、疲労が軽減されます。

イライラする

脱抑制（だつよくせい）

イライラしやすく、怒りっぽくなり、感情をコントロールできなくなります。本人に悪気はないのですが、初めての場所で緊張したり余裕がなくなると、言葉遣いが荒くなったり、急に怒り出したり、大声を出したり、じっと待てない状態になってしまいます。本人に深い感情はなく無意識に怒ってしまっている、気がついたら体が反応してしまっているということが多いようです。

●イライラへの対応

怒っている人に「ダメじゃない！」「やめなさい！」と言うと、ますます火に油を注ぐことになります。本人は悪気がないので、怒られたことに対して「そんなに怒らなくていいじゃないか」と怒ってしまうことになります。相手が子どもであっても同じです。こちらが怒ったり感情的になると、相手も怒ったり感情的になります。

「ちょっと疲れたね。少し休みましょうか」というふうに、ポジティブに接することが大切です。無理強いはいけません。

対応法として、〝1秒待ち訓練〟をお勧めします。抑制が効かずに気がついたら言葉が出ている、手が出ているということが多いので、何か行動を起こす時は必ず1秒の間をおいて、深呼吸してからやるようにします。深呼吸をすると脳に酸素が補給されるので冷静な行動ができます。

周りの人の対応法としては、行動変容法があります。脳に損傷があっても、わけもなく怒る人はあまりいません。必ず何かスイッチがありますので、そのスイッチを入れないようにすることです。

やる気が出ない

発動性の低下（はつどうせいのていか）

血気盛んな人もいれば、逆にやる気がない人もいます。いつもぼーっとしているとか、何事も始められない、いつもやる気がない、会話が続かないという、うつ状態です。病気やケガの心理的ストレスからうつ病を発症する人もいますが、明確に区別することはむずかしいです。

●やる気のなさへの対応

抗うつ剤が効く時もありますが、効かない人もいます。若い人の場合は自殺願望が出るなど薬には副作用があることもあり、得るものがあると何か失う場合もあるのですが、認知症予防の薬は飲み続けなければいけませんし、てんかんやけいれんの発作がある場合は薬は必要です。

やる気のない人に、怠けていると言ってはいけません。高次脳機能障害は〝うつる〟ものです。こちらがやる気がないと、相手もやる気がなくなります。

対応法は子どもからお年寄りまで同じです。7秒以内に、端的に、短い言葉で語りかけてください。「なんでできないの！　これをして、あれをして、こうしてって言ったでしょう！」と話し続けても、高次脳機能障害の人は一度に情報を保持する能力には限界がありますから、全部抜けてしまいます。一度に覚えられるのは、子どもなら5秒、大人でも7秒が限界です。短い言葉で、ネガティブな情報ではなく、あくまでもポジティブに「大変だね。がんばろうね」と伝えることです。

また、必ず3つか4つの選択肢をつくり、本人に選ばせる、自己決定させることです。自分から始められないという症状なので、今日やることをメモにするなど、きっかけをつくってあげることです。

高次脳機能障害や発達障害の人は、とてもまじめです。言葉が遅いとか、融通がきかないとか悪い方ばかりに目がいきがちですが、計算高いことはなく、言われた事はちゃんとやって、約束を守ります。ただ、融通がきかないので急に予定を変更したり二つ以上のことを同時に言われると混乱します。ですから、一つずつ、ポジティブに支援してください。目に見える形にして、なるべく予定を変更しないことがポイントです。

気が散りやすい

注意・集中力の低下（ちゅうい・しゅうちゅうりょくのていか）

問いかけても返事をしない、注意が散漫、一つの場所にとどまっていられない、食事中も刺激が入ると中断してしまう、課題を続けることができない、人の話を最後まで聞いていられない、という症状があります。

高次脳機能の悪い人、低い人は姿勢が崩れている人が多く、座っていてもお尻がずれたりしていることが多いです。逆に、姿勢がよい人は高次脳機能が高いです。

●注意・集中力の低下への対応

よい姿勢を取れるようにするのが、いちばん簡単な対応法です。しかし、いつもいつも「姿勢を正して」と言い続けるのも大変ですので、いすの高さや材質を調整しておくことが重要です。

自然によい姿勢になるようないすなど環境を整えてください。それから、よかれと思って横に座り「ほら、がんばって」と声をかけたりすると、ますます注意がそがれます。せかしてはいけません。

どうすれば集中できるようになるかを考えて、音の刺激となるテレビやラジオを消す、明るさを整える、また、話をする時は会話についてきているか確認するなど、本人にあった環境を整えます。

言語障害・失語症（げんごしょうがい・しつごしょう）

言語の遅れ

高次脳機能障害になると、言語障害、失語症の症状が現れます。指示したことが理解できない、言葉がなかなか出てこない、あー、うーなどの擬音しか発することができない、会話が続かない、絵は理解できるのに文字が読めない、読み書きができないという症状です。

何を言っているのかわからないために、人がやっていることが理解できないのは、とても不安で、ストレスになるものです。

また、本人は流ちょうに話しているように見えても、周囲にはよく理解できないということもあります。

●言語の遅れへの対応

高次脳機能障害の人は中途障害が多いので、それまで普通に社会人として生活してきたのがある日突然、脳に障害を負うわけです。こちらが話すことが伝わらないのは大きなストレスであることを理解して、プライドを傷つけないようにしてください。

ですから、わからない時はどんどん助け船を出してかまいません。「はい」「いいえ」で答えられる質問をするとか、身振り手振りで言葉を使わなくてもよいコミュニケーションをするなどの工夫をします。

また、緊張するとうまくいかないので、深呼吸やストレッチをしてリラックスできるようにするといいでしょう。体にふれるのもよい方法です。私たちはコミュニケーションというと言葉だと思い込んでいますが、赤ちゃんには、よしよしと言いながら自然にさわっていませんか。これがボディランゲージ、タッチケアです。体にふれる、さわるコミュニケーションは高次脳機能障害の人にとても有効です。同時に、さわる方にもリラックスホルモンが出て、元気になることがわかっています。言葉にこだわりすぎないことが重要です。本人が嫌がらなければ、触れることでコミュニケーションが通じやすくなります。

記憶の問題

記憶障害（きおくしょうがい）

さっき言われたことを忘れてしまう、何度も同じ事を質問する、何度も同じ間違いをくり返す、その結果生活がつながらなくて自信をなくしてしまうという、記憶の問題が出てきます。

記憶障害は、高次脳機能障害の中でいちばん多い症状だと言われています。認知症は記憶障害という高次脳機能障害から始まりますが、このような症状が出ると、私たち人間は自信がなくなって体が緊張し、鬱々《うつうつ》としてくるもので、記憶の問題はとても重要です。

●記憶への対応

記憶には暗記記憶と経験記憶があります。丸暗記できる暗記記憶は、どんな人でも20歳くらいをピークに悪くなっていくものです。一方、経験記憶と呼ばれる体で覚えた記憶は、年を取ってから伸びていくと言われています。脳トレやドリルなど楽しめるものでワーキングメモリーという短期記憶の集中力のトレーニングをすると、日常生活が変化することがわかっています。

すぐできる対応法として、オウム返しに声に出して復唱するのが非常に有効です。「お父さん、今日何食べたい？」と聞いて「お鍋」と言ったら、「ああ、お鍋食べたいんだ」とくり返してあげるのです。くり返すことで情報の確認になり、話したという経験になります。これが経験記憶を養ういちばん簡単な方法です。

大事なものやいつも使うものは同じ場所に置く、日課どおりに行動する癖をつけるなどもいいでしょう。

段取りが悪い

遂行機能障害（すいこうきのうしょうがい）

遂行機能とは、物事を計画して実行する脳の機能ですが、この機能が悪くなると予期できないことが起こるとパニックになったり、修正がきかなくなります。また、一つのことにこだわって前に進めなくなります。何事も、段取りが悪くなってしまいます。その結果、二つ以上のことを同時にできません。

一見して障害があるようには見えない当事者の方から聞いた話があります。その方はデータベースの入力の仕事をしているのですが、仕事中にちょっと声をかけられると今までやっていたことが全部飛んでしまって本当に困るそうです。

●段取りの悪さへの対応

どう対応するかですが、あいまいな指示はいけません。「リハビリがんばろうね」「勉強しなさい」のように具体的でない言葉は、当事者にとって非常にわかりにくいのです。

「何時までに、これをやってね」と、いつ、どこで、何を、どのようにするのかを伝え、さらにその結果どうなるのかの見通しを与え、書き出すことです。事前に書き出しておけば予習して、実行して、復習することができます。事前に台本を渡して変更はしないのがポイントで、そうすれば、たいていはうまく遂行することができます。

左側を認識していない

半側空間無視（はんそくくうかんむし）

損傷した脳の部位と反対側の空間や身体の部分を認識しない状態のことです。左側無視が多く、食事の時左側のおかずを残したり、ドアを通ろうとして左側にぶつかったりします。身体の左側にまひがあってもわからないという症状もあります。

●左右の認識への対応

声をかける時は、無視側からにします。「見落としてますよ」と言うのではなく「見落としはありませんか？」など、本人が注意を向けやすいようように呼びかけます。何事も全体を見直す習慣をつける、無視側を声に出して確認する習慣をつけるといいですね。

本人に障害の認識がない

病識の欠如（びょうしきのけつじょ）

高次脳機能障害を本人が認識するのはむずかしいと言われています。

病気やケガをして最初の1、2年は自分の抱えている問題がなかなか理解できず、訓練や治療を拒否したり病院に行きたくないという方がいます。時間がたてば解決することが多いのですが、こういう方に無理やりリハビリをやらせようとすると、むしろ逆効果になります。

●**認識への対応**

いちばんよい方法は、同じ高次脳機能障害の当事者に会うことです。当事者は、医師や専門家にはできないような、とてもいいアドバイスをします。なぜならそれは、「自分のことだから」

です。自分のことだから親身になることができるわけです。また、体験者ですので、とうていできないことを人に言うことはありません。確実に自分にできることをアドバイスするのが上手です。

健常な人は「これを言うと怒るんじゃないか」などと考えすぎてしまうところがありますが、彼らはそういうことはありません。グループの訓練で、「人の振り見て我が振り直せ」が有効です。

家族はついつい病気の前のことにこだわってしまいますが、本人は今日を生きていますから、今日できることをいかに伸ばしてあげるかが重要です。

自分の置かれている状況がわからない

失見当識（しっけんとうしき）

「季節感がなくなる」という人が多いようです。日付けや時間、場所の感覚がなく、自分の置かれている状況がわからなくなります。すぐに道に迷ったり、落ち着かず、フラフラとうろついたりします。生活自体に自信がなくなるために、不安な気持ちになってしまいます。

●失見当識への対応

自然にふれ、五感を通して身体いっぱいに、その時々の季節感を感じましょう。農作物を育てたり、音楽、遊び、スポーツなどを生活に取り入れることもおすすめです。

「今日は何月何日ですか」と訓練をするのはかえって緊張します。スケジュール表やカレンダー、時計などの補助手段をうまく活用しましょう。

私たちが忘れている大切なもの

高次脳機能障害の障害を克服していく唯一のキーワードは「うれしいな」「楽しいな」こういう言葉かけです。私たちは、ちょっと忙し過ぎるんだと思います。

最近、空を見上げて、動いている雲を見たことがありますか。これは、当事者だけの話ではないと思います。障害をもっていることはよくないことと、悪い方向や不幸なことなど、私たちはついつい一方向的にものを考えてしまいますが、本当にそうでしょうか。高次脳機能障害の人たちは、とてもいい笑顔を私たちに見せてくれることがあります。私たちが忘れている本当に大切な何かを、彼らはもっていたりします。

高次脳機能障害の彼らと出会えてよかったこと、感じたこと、われわれ自身が彼らから学ばせていただいたことを、発信していくことが重要だと思います。

当事者の家族や、なかでも当事者自身が主体になった活動が発展していくことを切に願います。

Part 4

当事者の声

好きな歌にメッセージをこめて

一ノ瀬　たけしさん（歌手）37歳

ICHINOSE TAKESHI
熊本県在住。1996年、心臓発作（低酸素脳症）から発症。

サッカー好きの元気な高校生だった一ノ瀬たけしさんは、高校を卒業後、親元を離れて福岡の専門学校に進学しました。入学して間もない1996年4月16日の朝。バスに乗り遅れそうになったたけしさんは寮から全力疾走し、バス停で心臓発作を起こします。心肺停止状態。命が助かったのは十万分の一の奇跡、植物人間になる可能性が高いと医師が言うほどの重態でした。意識が戻り、体は少しずつ回復しましたが、さまざまな後遺症が残りました。

病院から対処できる方法はなく、回復は望めないと宣告されて退院。「とにかく何かすれば、変わるかもしれない」。自宅で、手探りのリハビリを続けましたが、たけしさんには記憶障害、遂行機能障害があり、感情のコントロールもききません。時には家族に暴言を浴びせたり、自殺未遂を図ることもありました。「体力や体格は18歳の青年でも幼児のようにふるまう息子を受け入れられるようになるまで、5、6年かかった」。母のまゆみさんは、そう振り返ります。「低酸素脳症による高次脳機能障害」と診断を受けたのは、発症から7年が経ってからでした。

「自宅に閉じこもっているより早く社会復帰させた方がいい」。父純二さんの営む鮮魚店の職場仲間の進言をきっかけに、たけしさんは店を手伝うようになりました。幼い頃から顔見知りのスタッフに見守られて店に通ううちに、自転車通勤ができるようになり、包装や値付けなど一人でできる仕事が増えました。

ところが、魚屋の跡継ぎとして見られることに負担を感じていたたけしさんは、「歌手になりたい」と言い出したのです。そういえば家族でよくカラオケに行っていた。歌は音楽療法のリハビリになるかもしれない。まゆみさんはそう考えて、たけしさんをカラオケに連れだすことにしました。集中力もなく、リズムもメロディもでたらめだったたけしさんの歌は、徐々に歌らしくなり、歌うことが楽しみになっていきました。はじめはみんな冗談だと思っていましたが、たけしさんの決意は固く、本気で歌手になりたいと思っている……。家族全員で協力しよう。純二さんも、老舗の鮮魚店をたたんで応援することを決めたのです。

2006年、念願の歌手デビューの日。看板やポスターに歌手「一ノ瀬たけし」の名前が載って地域でも話題になりました。たけしさんは地元の演歌歌手のコンサートの前座を務め、数百人の前で堂々と「上を向いて歩こう」など3曲を披露。これが感動を呼び、観客からは握手攻めに。反響は大きく、すぐに一ノ瀬たけし応援隊「ウィング来楽譜《くらぶ》」が結成されました。

たけしさんは今、作業所に通いながら専任のボイストレーナーの指導を受けて練習を積み、各地でコンサート活動をしています。持ち歌はまだ6曲とレパートリーは少ないのですが、オリジナルCDも販売しています。持ち歌をもっと増やして、ジャンルを問わず、聞く人によろこんでもらえる歌を歌いたいと思っています。

「誰にでも苦手なことや得意なことがあるのと同じで、障害があってもできることはたくさんある」。そんな思いを伝えたくて、ありのままの自分をさらけ出してステージに立ちます。なによりうれしいのは、メッセージが観客の心に響いたと思える瞬間。客席で涙を流す人、同じ高次脳機能障害の人がかけてくれる「励まされた」という言葉や「感動した」と綴られた手紙など、聞いた人が元気になってくれるとうれしくなります。夢は、いつか紅白歌合戦に出て、白組優勝に貢献すること。2015年にはセカンドアルバムのリリースを記念して、地元山鹿市でデビュー10周年コンサートを予定しており、「困難でも、夢に向かってがんばる」と、力強く語ります。

でも、時には悔しい思いをすることも。弟も妹も結婚して子どももいるのに、自分はまだ独身。きょうだいや同級生と比べてできないことを意識するとつらい気持ちになります。「結婚はしたいです。コンサート会場に美人がいると、ワクワクします」。

写真：「ぷらむ」熊本家族会10周年記念式典にて（2013年11月10日）

当事者でないとわからないことを伝えたい

河原和子さん（元保育士）58歳

KAWAHARA KAZUKO
奈良県在住。1990年1月、交通事故で受傷。

「慣れた道ならだいじょうぶです」。河原和子さんは待ち合わせの駅まで車を運転してやってきました。

河原さんの話しぶりもふるまいも、そうと聞かなければ障害があるとはわからない印象です。車に乗ることも、運転技術には問題ありません。ただ、知らない道や混んだ道は走れないし、停めた場所を忘れるなど、日常のさまざまな場面で苦労があるのです。たとえば、料理番組を見てレシピをメモしたり、人の話を聞きながら要点をメモすることができません。便せん1枚の手紙を書くと、体中がガチガチになるほど疲れます。脳のいろいろな所を同時に使うので、書くという作業は苦労します。輻輳《ふくそう》機能不全（目を内によせる運動がうまくいかない）のために、視力が極端に弱くなりました。疲れると右半身が硬直してきます。脳下垂体が傷ついた影響で、月経時はとくに疲れやすい。片づけられない、イライラする……。こうした目に見えないしんどさを抱えていることは、なかなか周囲に理解されず、「そんなの誰にでもあることよ」と言われると傷つきます。

高校生の頃から、保育の仕事につくのが夢でした。苦学の末に資格を取り、希望通り保育士となって、結婚。友人主催の披露宴の翌朝、原付バイクで出勤する途中の交差点で、左折する自動車に巻き込まれました。３週間意識不明の重態でしたが、歩けるようになり、退院し、順調に回復しているように見えました。ところが、いざ職場に復帰してみると「できないこと」がたくさんあって仕事になりません。とにかく疲れやすい。検査の結果、脳の萎縮が判明して休職。医師は「車いす生活がやっとの大きな脳の傷がある。よくここまで回復した」と驚いたそうです。仕事は辞めることになりました。

保育士として働く道が断たれたのはとても悔しいことでしたが、自分の子どもを産み、育てることは、河原さんにとって自然な選択でした。1993年に長女を出産します。

妊娠中は体が硬直してまひし、歩くのもつらいほどの疲労感でした。医師から帝王切開を勧められましたが、針やマタニティスイミングで血流不足を改善し、安産で自然分娩。母乳もよく出ました。ただし、体を起こしているのはしんどくて、授乳は寝た姿勢で。「母乳は血液と同じ成分なので、授乳すると脳の血液が不足して脳の血流が悪くなる」と説明を聞いてなるほどと思ったそうです。

子どもが小さい頃は、「毎日熱心ね」と声をかけられるほど、よく公園に通っていました。ずっと家にこもっている方が疲れたからです。夕食の用意をすませて出かけ、公園から帰ると昼寝をする生活。夫は家事が苦手で手伝ってはくれませんが、河原さんが疲れて家事ができないことを責めたり、きちんとやれと要求することもなく、ただ見守っていました。高次脳機能障害の認定をしてくれた医師は、「家事と育児がリハビリになったからここまで回復できたんだよ」と言いました。

子どもが小学校に入ると、少しずつ、家事と育児以外のことも始めていきました。今は週1、2回、公益社団法人子ども情報研究センター（大阪市）に通い、ボランティアとして子育てに関する電話相談や、講座の企画運営をしています。参加した翌日は午前中は起きられず、休息が必要になりますが、たとえ受傷前の半分しかできなくても、人のために何かできる自分や、社会とのつながりを感じられる大切な場です。

河原さんは、今もまだ疲れると感情のコントロールができなくなったり、抑うつ的な気持ちに悩まされることもあるそうですが、「障害当事者として同じ障害をもつ人の支援活動を始めたい。自分にしかできない役割がある」と考えています。高次脳機能障害は、軽い人はカミングアウトしないし、重い人は自分の症状をうまく話せません。河原さんが体験を語り、伝えることで、当事者にしかわからないしんどさが多くの人に理解されるようになり、障害当事者はもちろん、家族や周囲の人にも助けにもなるような活動をめざしています。

写真：子ども情報研究センターでスタッフと打ち合わせ

日常生活を積み重ねてリハビリにつなげる

宮田康弘さん（医師）

44歳

「日常生活の、まさに日々の積み重ねがリハビリになった。回復のペースは初めの頃のように速くはないし、元通りにはならないけれども、今も少しずつ上向いている。回復が緩やかで長い時間横ばい状態が続くこともあるが、急に角度がついてぐっと上がる時期もある。そしてまた、行き詰まる時期が来るというくり返し。変化の小さい時期には我慢が必要」。発症から11年経った今、宮田康弘さんはそう振り返ります。

小児科医だった宮田さんは、長いリハビリを経て、6年前から札幌市内の病院に勤務しています。今は週3日、リハビリ科で患者を診たり、理学療法士や作業療法

MIYATA YASUHIRO

北海道在住。2003年、多発性脳梗塞から発症。

士らに医師の立場から助言し、全体を管理する仕事。週2日は系列の老人保健施設での仕事をこなしています。自宅から約1時間、地下鉄とバスを乗り継いでの通勤も含めて、周りのサポートを受けずに一人でできることが増えました。仕事の質も上がり、充実感のある毎日です。

入浴は、至福の時間です。仕事から帰って湯船で体を伸ばし、何も考えずにのんびりくつろぐのが好きで、時間があれば長風呂を楽しみます。風呂上がりにゴクッと一杯ビールを飲む瞬間はなによりいちばん気持ちいい。そんな、普通のサラリーマンと変わらない日常に幸せを感じています。

「収入は小児科医の時代と比べると低いかもしれませんが、障害者雇用の相場からみると高い。医師の立場としての仕事もしていますが、仕事内容はリハビリ専門職とほぼ同じで、給料もそれに見合うものですが、障害を差し引いて考えると多いかもしれない」。宮田さんは、この金額は責任をもって働いていることへの評価として、ありがたい気持ちで受け止めていると言います。

オフの時間も充実してきました。平日の夜や休日に、月2回ほど市民講座に参加しています。新聞広告などで無料の講座やセミナーなどから興味・関心のあるものを選び、専門外のテーマの知見を広げています。他の参加者と交流するのも楽しみです。時には単館ものの話題作をチェックして、映画を観ることもあります。

最近、記憶力が上がっていることを実感する場面がありました。患者さんと接していて、その患者さんと前回どんな話をして、どんなリハビリをしたのかなどが思い出せるのです。テレビの連続ドラマも楽しめるようになりました。以前は役柄や筋書きの前後関係がわからなくておもしろくなかったのが、記憶がよくなると1週間前の内容とつながります。

一方、回復を感じることは同時に、発症前に比べて記憶力が落ちているのだと自覚することでもあります。忘れないための工夫は、今も続けています。高次脳機能障害があると発症後に新しいことを始めるのはむずかしいと言われますが、発症前に携帯電話を使っていなかった宮田さんは、携帯のメモ機能を上手く使えません。でも、書いてメモをすればだいじょうぶ。付箋をいつも近くに置いて何でもメモしておき、机や財布など決めた場所に貼りつけます。付箋に書ける情報は限られているので書くのはポイントだけ。メモから連想して思い出すようにしています。

「今の生活には満足しているし、恵まれた環境にいる」と話す宮田さんですが、小児科の医師としてはやはり、子どもとかかわるチャンスがほしいと思っています。たとえば、子どもの健康診断など、何かできないかと可能性を模索中です。

一昨年暮れ、家族にとって大きな存在だった父親を見送りました。4年前に購入したマンションのローン返済も残っています。「まだまだ働く必要があるし、自分がしっかりしなくては」。そんな気持ちで日々を送っています。

写真：病院でのひとこま

人生あきらめない

常石勝義さん（ＪＲＡ元騎手）

37歳

TSUNEISHI KATSUYOSHI
滋賀県在住。2004年、落馬事故で受傷。

小さい頃からスポーツが好きで勝ち気な性格だった常石勝義さんは、小柄な体格が活かせる騎手を志して競馬学校に飛び込み、見事プロデビューを果たしました。ところが半年後の落馬事故で重傷を負います。リハビリの末、奇跡的に復帰し、重賞レースを制覇するなど再び成績をあげていた矢先の２００４年。不運にも、またもや落馬事故に見舞われたのです。今度は1か月間意識不明の重態でした。命は取り留めたものの脳の損傷は大きく、これまで通りに馬に乗れません。２００７年に引退を決めました。

リハビリ中、常石さんが周囲を驚かせたことがありました。まだ十分に歩けない体なのに馬の背中で寝転んだり、騎手時代いつもしていた馬上体操を始めたのです。足の力はなくても、馬に乗る平衡感覚は残っていた。「すんごいうれしいねん！馬に乗ってる時は」と馬上で目を輝かせる常石さんの表情は、誰が見ても別人のようにいきいきとしていました。リハビリ目的だけの乗馬ではもったいないと、馬場馬術を始めることになりました。

実は、競馬と馬場馬術は、同じ乗馬でも全く勝手が違うものです。馬術では騎手の技術は使えないし、常石さんは競馬学校時代から乗馬は苦手でした。左半側無視の症状もハンディになります。左半身まひのために体は少し左に傾いており、意識して動かさないと左手が動きません。2・0あった視力は0・4に落ちて眼鏡が必要になりました。記憶障害や遂行機能障害もあります。しかし、常石さんは持ち前のがんばりを発揮。障害者乗馬の専門指導を受けて練習を重ね、2014年の全国障がい者馬術大会で優勝を果たしました。

二度目の落馬事故から10年が経った今、常石さんの毎日は実に多忙です。

週2日はスポーツジムへ。トレーナーの指導を受けながら数時間、リハビリと乗馬の体づくりのトレーニングに励みます。週3日は作業所で聴導犬の育成や喫茶業務。そうした日課の合間に自宅から約2時間かけて乗馬の練習に通い、栗東トレーニングセンター（滋賀県栗東市にある競走馬の調教施設）を取材してwebマガジンのコラム「競馬の職人」を執筆。さらに自宅周辺のジョギングなど、夜も自主トレをこなします。「毎日が楽しい。体を動かすことは好きだし、不思議と疲れない」と笑う常石さん。騎手時代ほど絞り込んでいないとはいえ、日焼けした肌も、引き締まった体つきも、まさにアスリートのものです。

経済面でも自立をめざしています。遠方までトレーニングに通う交通費や乗馬の経費はかさみますが、年金の他にコラムの原稿料と作業所の手当が少しあるので、贅沢をしなければ生活していけるくらいの収入です。

常石さんの夢は、やっぱり乗馬で輝くこと。2020年の東京オリンピックに日本代表で出場するのが目標です。そのためには着実に実績を積む必要があります。選考に勝ち残るには世界大会にも出てポイントを重ねないといけません。

もう一つの夢は、馬上インタビュアーになること。海外のG1レースでは、優勝馬に乗った騎手は、馬上インタビュアーのインタビューを受けるのが通例です。常石さんは、「いつか英語で馬上インタビューしてみたい」と思っています。

年に何度か、各地に招かれて講演をします。テーマは「人生あきらめない」。童謡「あめふり」の替え歌「ピンチピンチ、チャンスチャンス、ランランラン♬」はピンチをチャンスに変えるための定番のキャッチフレーズです。「講演を聞いて、嫌になってやめた水泳をまた頑張ろうと思った」。そんな感想を書いた手紙をもらったり、声をかけてもらえると、常石さんもまた元気がわくのです。

写真：全国障がい者馬術大会（２０１４年優勝）でのスナップ

求められる自分を探して

友井　悟さん（会社員）46歳

ピンクのギンガムチェックのシャツとデニム。友井悟さん（仮名）は、休日のカジュアルな服装で待ち合わせ場所に現れました。

友井さんは、2LDKのマンションに一人暮らしの会社員。交通事故の賠償金で購入した持ち家の家賃収入があるので、マンションのローン返済は実質負担ゼロ。平日は始業30分前に出勤して軽く朝食をすませ、9時から18時まで仕事。たまに残業も。仕事が終わると好みの総菜を買って帰り、ご飯を炊いて自宅で夕食。夜はテレビを見たりネットサーフィンでくつろいで過ごします。唯一の趣味は、ドライブ。週末は愛車でドライブや買い物に出かけ、時には遠出もするので、走行距離は1年で約1万㎞。

TOMOI SATORU
神奈川県在住。1993年、交通事故で受傷。

これだけ聞けば、独身生活を謳歌する普通の男性と何も変わらない毎日です。それどころかフリーターやワーキングプアと呼ばれる人たちから見ると、むしろ羨望の暮らしぶりかもしれません。しかし、友井さんは「今でも、あの時死んでいた方がよかったという気持ちが5割くらいかな」と言います。50日間意識不明の重態から生還し、周囲からは立派に社会復帰を遂げているように見えますが、友井さんは、「今の自分は求められていない」気がして充足感をもてない毎日を送っています。

事故に遭う前、友井さんはスポーツクラブでコーチをしていました。全国大会の出場もめざしていた実力と人柄で、「他のコーチではなく友井さんに」と指名も多く、同僚からやっかまれるほどの人気ぶりでした。

事故に遭っても復帰を夢見て、退院直後から前の職場に通いました。無給で雑用をしながら、空き時間に練習。2年ほどそんな生活を続けましたが、どうしても以前のようにはプレイできません。結局、コーチ、プレイヤーとしての道をあきらめることを決断しました。

リハビリ中、主治医に勧められて親が障害者手帳取得の手続きをした時は、「ふざけんな!」と叫んだ……。周囲からそう聞かされていますが、友井さん自身はそのことは覚えていません。自分を納得させるのには、ちょっと時間がかかりました。やがて新しい人生を生き直す気持ちになり、障害者向けの就職情報誌で仕事を探して就職。

今の勤務先は障害者に配慮した雇用をする特例子会社で、友井さんは在籍14年、勤続年数の長さでいうと2番目に古いベテラン社員です。けれども、高次脳機能障害のために作業に時間がかかるし、どんなに注意してもミスを起こしてしまいます。2時間に1度は休憩を取るように自己管理していますが、ミスはゼロにはなりません。話しながらメモを取るという同時作業も、友井さんには困難。だから、議事録作成当番になると、その会議には実質的には参加できません。

「仕事というのはミスがないのが当たり前。指示されたことをこなしただけではめてもらえることはありません。要求された以上の結果や成果を出して初めて評価されることはわかっているのですが……」

「車いすに乗っている人が階段を上れないのは誰でもわかるでしょ。でも、僕がなぜミスをするのかは、なかなか理解されない。高次脳機能障害はたしかに存在するのに、他人からは見えない。障害が理解されないので、必要な配慮が得られていないと感じています」

社会人として職場で気持ちよく働き続けるために、人間関係にも心を配っているという友井さんですが、後から入ってきた後輩たちがより高度な業務につくなど、どんどん追い越されていくと、やりきれない気持ちになります。

「結婚も、一度はしてみたい。結婚すれば、少なくとも家族からは〝求められる〟と思うからです。

写真：自宅ベランダからの眺め。ベイブリッジを臨む

Part 5

家族会・事業所の活動

脳外傷友の会 コロポックル

北海道

相談窓口、社会復帰支援、女性当事者支援などの事業に取り組み、北海道をカバー

脳外傷友の会コロポックルは、子どもの交通事故の後遺症で悩む母親たちが1999年に立ち上げた家族会。アイヌの人たちは困ったことがあるとコロポックルに相談したという言い伝えから、アイヌ語で「ふきの葉の下にいる知恵のある人」を意味するコロポックルを名称としました。

コロポックルでは当事者および家族の交流・情報交換、会報の発行や講演会などの企画実施、行政機関や医療機関などに向けた働きかけなどの活動を行っています。家族会の長年の課題であった「家族と離れたり支援者がかかわった時に当事者が、自分自身について伝

〒062-0051
北海道札幌市豊平区月寒東1条
17丁目5-39　2階
TEL：011-858-5600
FAX：011-858-5696
http://www.f3.dion.ne.jp/~koropo/
メール：koropokkuru@mail.goo.ne.jp

組織図

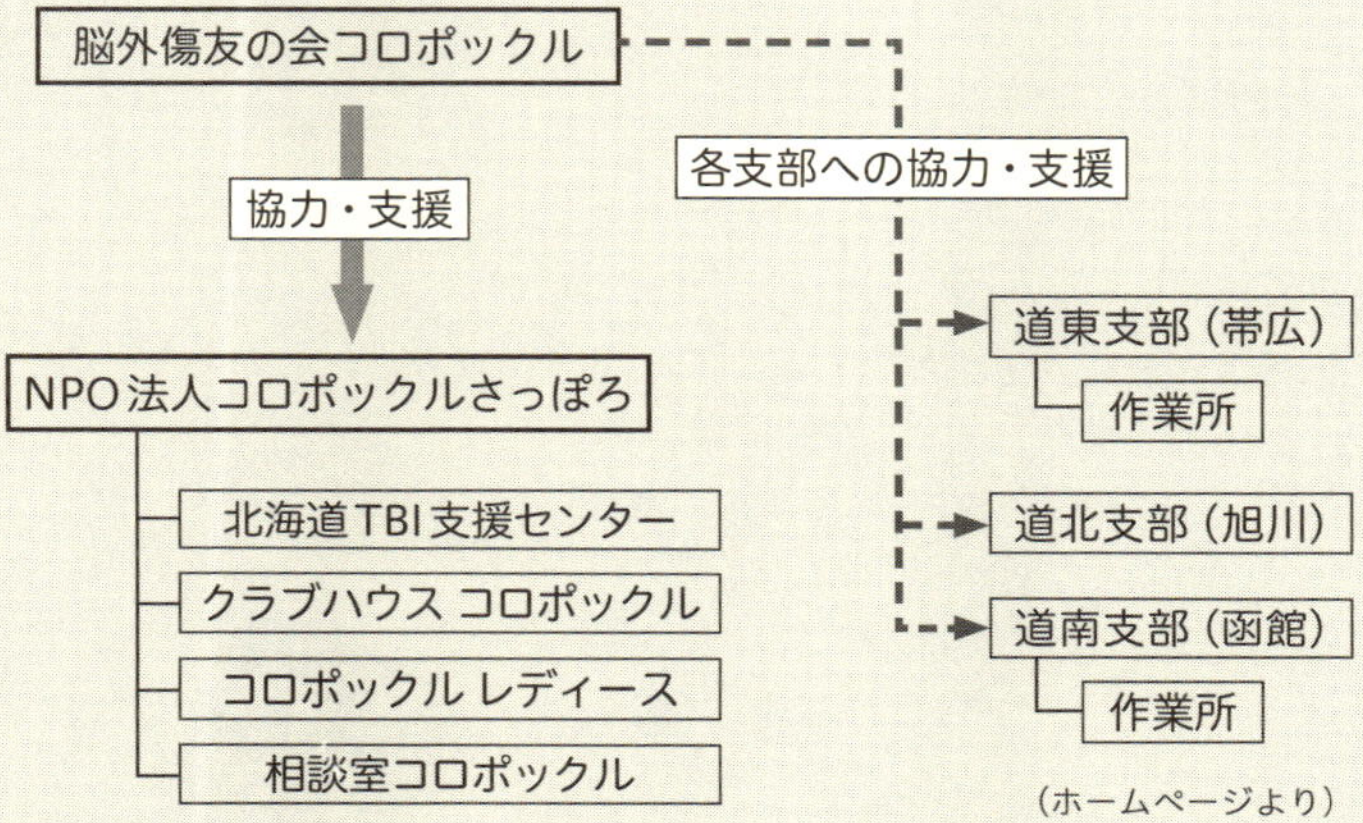

（ホームページより）

える手段」として、2013年には「脳損傷後の記録パーソナルノート」を制作しました。ノートは高次脳機能障害のために記憶ができない、自分の障害に気づけない当事者が自分の健康や障害、生活の困りごとなどを周囲の人に正確に伝えるために工夫されており、ホームページからダウンロードすることができます。

また、NPO法人コロポックルを設立し、当事者と家族の相談事業、日常生活を支援し社会復帰をめざす「クラブハウスコロポックル（就労継続支援B型事業）」、女性スタッフによる女性の高次脳機能障害者の作業所「コロポックルレディース」運営などの事業に協力・支援を行っています。

パーソナルノート

特定非営利活動法人 脳外傷友の会イーハトーヴ

岩手

〒020-0816
岩手県盛岡市中野1丁目1-26
TEL：019-652-1137
FAX：019-652-1138
沿岸支部（宮古市）TEL：019-63-3872
県南支部（北上市）TEL：080-1848-1215
http://blog.canpan.info/i-hato-v2/
メール：koujinou_iwate@yahoo.co.jp

家族会が結成したNPO。「生生《せいせい》学舎アダージョ」の運営と当事者・家族相談に対応

２００４年、高次脳機能障害の当事者、家族、支援者らが集まって、同じ境遇にある者同士が語り合うことで自立のきっかけをつかみ、生活の支えにしようと、いわて脳外傷友の会イーハトーヴが結成されました。

２００６年には家族が正会員となってＮＰＯ法人となりました。当事者や家族からの相談事業は公的な相談機関と連携しつつ、盛岡市の事務局の他にも宮古市や北上市にも支部を置いて岩手県全域をカバーしており、電話、メールなどで対応しています。また、啓発や情報提供、総合福祉支援法に基づくサービス提供

など支援事業にも取り組んでいます。

「生生学舎アダージョ」は、学校や職場に復帰することが困難になった高次脳機能障害者が働く場であるとともに、復学や復職をめざす訓練を行う就労継続支援B型事業として運営されています。

「アダージョ」とは、「ゆったりとしたテンポで」を意味する音楽用語。これにちなんで、利用者自身が生きいきとできる心地よい場をめざしています。

現在は18人の利用者が和菓子や洋菓子、漬け物などの食品加工の他、編み物や木工品などの作業、県の特産品などの受託製造に励んでいます。アダージョは、時には家族同士が集い、交流する場にもなっています。

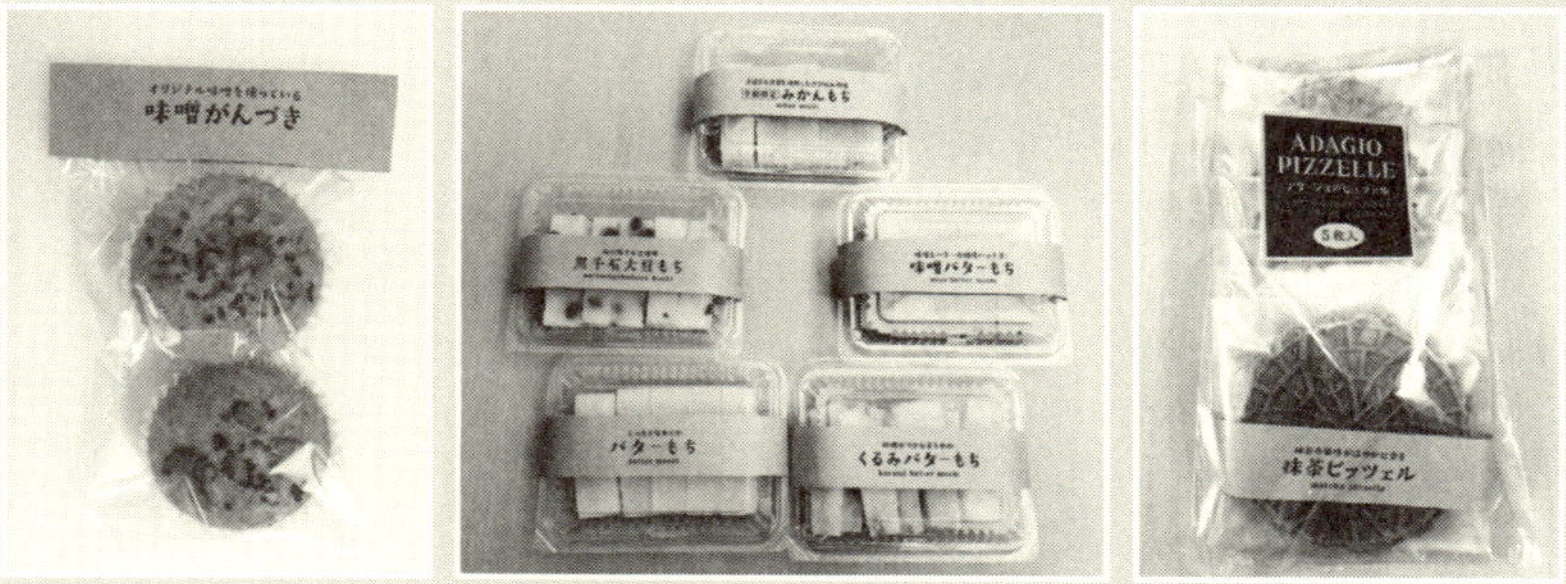

利用者が作るお菓子

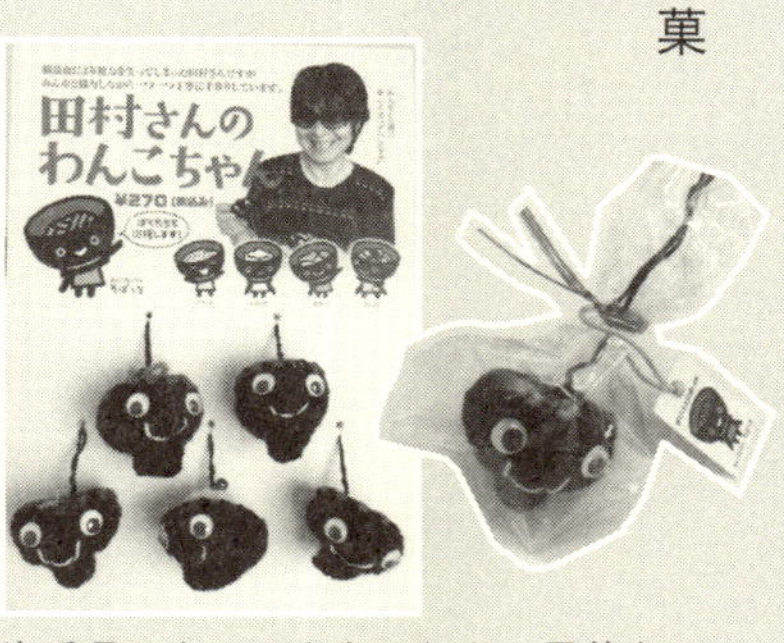

岩手県のキャラクターわんこ兄弟をモチーフにした手芸品

特定非営利活動法人

ほっぷの森

宮城

〒980-0014
宮城県仙台市青葉区本町1-2-5
第三志ら梅ビル4階
TEL：022-797-8801
FAX：022-797-8802
http://www.hop-miyagi.org
メール：info@hop-miyagi.org

地産地消のレストラン「びすた〜り」運営など 一般就労の実現をめざして

「障害者が就職できる機会があまりにも少ない現状をなんとかしたい」。経営者、学者、ライター、アナウンサー、臨床心理士等々、さまざまな立場のメンバーが同じ志をもって集まり、2007年にほっぷの森が設立されました。翌年にはNPO法人となり、「指導するのではなく、利用者と同じ目線で寄り添う」を基本姿勢とし、就労移行支援事業、就労継続支援A型(雇用型)事業の福祉サービスを提供しています。

就労支援センター「ほっぷ」では、障害のある方が社会人として自立できるように、メモリーノートや脳トレなどのプログラムだけでなく、ビジネスマナーや

びすた〜り店内

面接練習なども含めて継続的な一般就労をめざしての基礎トレーニングを行っています。

障害者が働けるレストラン「長町遊《ながまちゆう》楽庵《がくあん》びすた〜り」（びすた〜りはネパール語で「ゆっくり」の意味）は、120年前の古民家を活用して誕生しました。店内にはピアノがあり、コンサートや芝居といったイベント、パーティーができるお店として人気があります。障害のある人たちがホールでの接客、調理補助、事務経理などの仕事をしています。

「びすた〜りファーム」でも障害のある人が畑仕事に参加しています。レストランに提供する農薬を使用しない野菜を生産するだけでなく、「びすた〜りフードマーケット」で、安心でおいしい野菜を販売しています。

特に高次脳機能障害に関して、就労支援だけでなく研修会や交流会の開催をはじめ、宮城県内での当事者や家族の支援ネットワークづくりにも尽力しています。

朝礼の様子

ケアセンターふらっと

東京

〒154-0002
東京都世田谷区下馬2-20-14
TEL：03-5712-5105
FAX：03-3410-3813
http://www.cocokaraweb.org/top/flat/

医療、介護の専門家とボランティアの連携で地域生活を支えるリハビリテーションの場

社会福祉法人世田谷ボランティア協会は1981年の設立以来、福祉・ボランティアに関する事業やコミュニティ活動に取り組んできましたが、1996年に福祉事業を開始し、介護保険法や障害者総合福祉法に基づくさまざまなサービスを提供しています。

ケアセンターふらっとは、高次脳機能障害者のリハビリテーションの場として開設されました。ふらっとではリハビリや地域生活についての総合的な相談や支援、日常生活の介護や自立訓練を行っており、支援員の他、リハビリテーション医、理学療法士、作業療法士、言語聴覚士、看護師、ボランティアなどがチーム

でサポートし、地域医療、地域福祉の関連機関と連携しながら当事者の退院後の回復と新しい暮らしをサポートしています。

利用者を「メンバー」と呼び、外に出て自然散策や買い物、室内では料理や音楽、映画鑑賞、パソコン作業など各自が「したいこと」を大切に過ごしています。

毎週土曜日の土曜市でメンバー手作りの小物やジャムなどを販売している他、春は「おたがいさまフェスタ」、夏は高次脳機能障害の当事者グループ「コージーズ」主催の「エテ・マルシェ」、秋は世田谷区内の市民グループが羽根木公園に集まる「雑居まつり」など、1年を通じてさまざまな季節のイベントも楽しみながら、後遺症や障害のある利用者の方たちも主体的に関わり、共に支えあう地域生活を展開しています。

利用者仲間と行きたい場所を調べて誕生日ランチ。これも大事なリハビリ

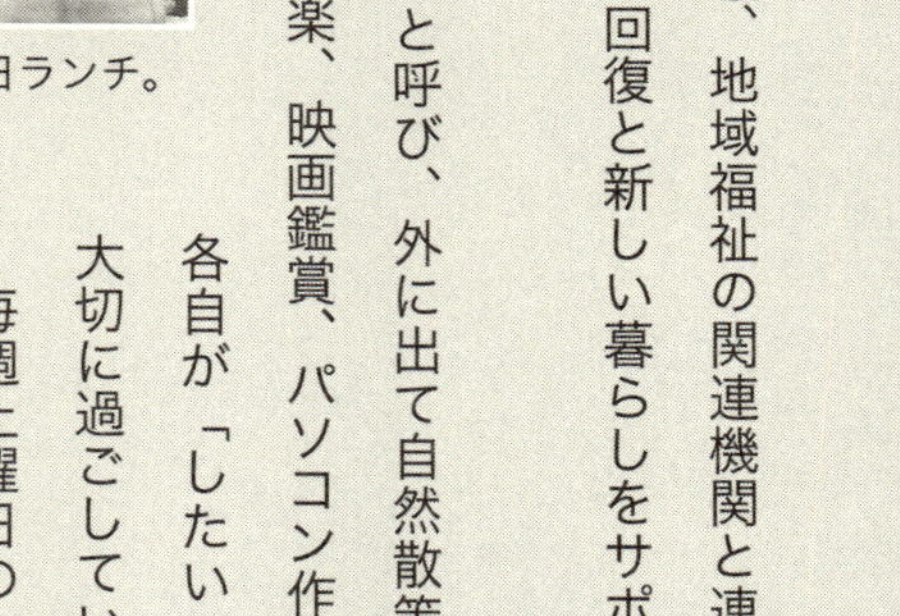

毎日の生活と年中イベントを紹介するホームページ

特定非営利活動法人
脳外傷友の会ナナ

千葉

リハビリ病院の患者・家族が当事者の立場から相談支援。地域で地区会も実施。

脳外傷友の会ナナ（通称ナナの会）は、神奈川県総合リハビリテーション病院を拠点とする患者、家族の会として1977年に発足。会員相互の交流と情報交換を通じて共に支え合い、問題解決の道を探っています。

病院の一室で行う脳外傷児・者及び家族支援（ピアサポート）事業の特徴は、当事者及び家族の相談・支援を、家族自身が主体となって取り組まれていることです。病院の協働事業室において、専門家のアドバイスも受けながら面談や電話での情報提供や助言を行っています。

〒243-0121
神奈川県厚木市七沢516
神奈川リハビリテーション病院内 協働事業室
TEL：046-249-2020
FAX：046-247-2433
http://www13.plala.or.jp/nana516/
メール：npo-nana@amber.plala.or.jp

ナナの会では　場づくり・環境づくりに力を入れています

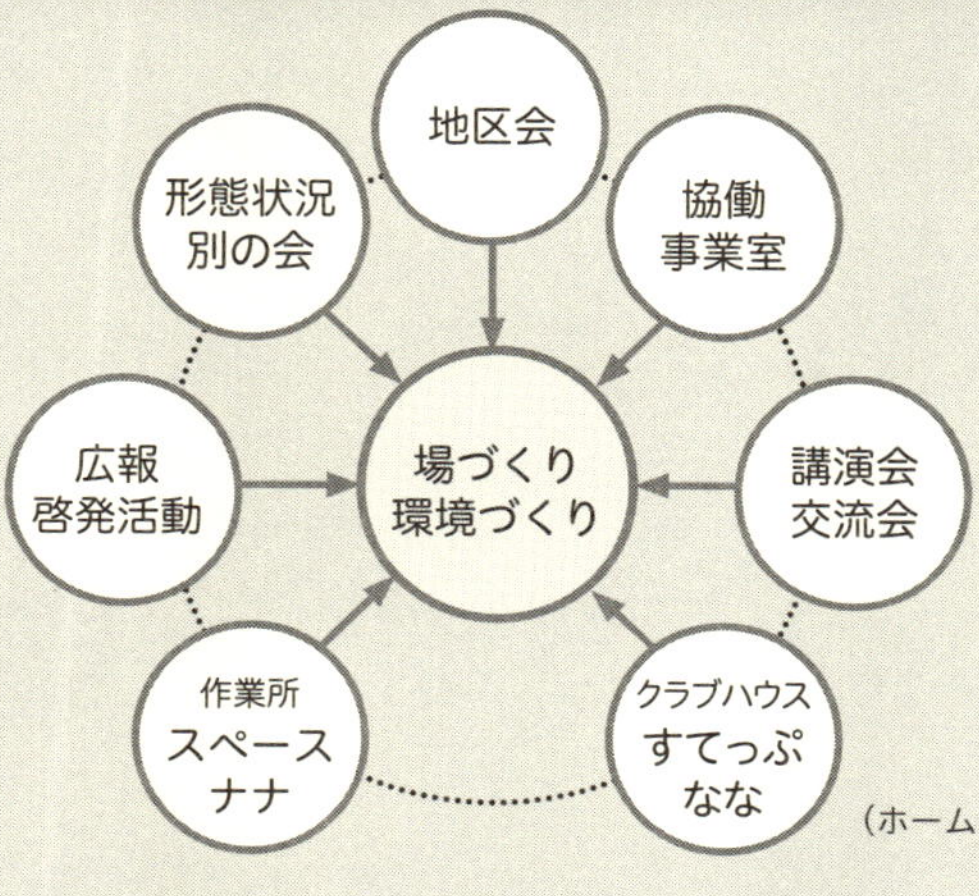

（ホームページより）

クラブハウス「すてっぷなな」（横浜市）は高次脳機能障害者生活支援に取り組む障害者地域作業所。犬用クッキーやポストカードはインターネットでも販売しています。ピアサポートセンター「スペースナナ」（厚木市）は、就労継続支援B型事業所。ドッグカフェ事業の他、集団認知リハビリやさまざまなプログラムを採り入れて当事者の日中活動の場を提供し、社会参加のリハビリを進めると同時に家族の支援を行っています。

夫婦の会、疾病（病気）で高次脳機能障害になった方のつどい、若い女性の会、就労している人の会などニーズ別の交流会や地域ごとに会員が集まる地区会の他、研修や啓発、学習会や講演会にも力を入れており、年数回の会報「FRIENDSHIPナナ」の発行をはじめ広報啓発にも力を入れています。

特定非営利活動法人
脳外傷友の会みずほ

愛知

〒460-0021
名古屋市中区平和2-3-10
仙田ビル2F
TEL：052-253-6422
FAX：052-253-6422
http://www.npo-mizuho.com/

〝同じ立場の当事者〟が集う場を作って支援
若者、女性など立場別や地区会も

脳外傷友の会みずほは、脳外傷者とその家族が励まし合い、正しい知識をもち、お互いの体験をもとによりよい進路を探すことを目的に、1997年に患者と家族が結成した団体です。家族会設立直後に開設した作業所は現在、就労継続支援B型事業所「ワークハウスみかんやま」に移行し就労支援に取り組んでいます。みかんやまでは、軽作業の他、寺院や地域の清掃作業、高齢化の進む農業生産地での農作業や販売活動を中心に、パソコンなどの事務作業やグループワークをはじめとする就労支援も実施しています。

みずほではこの他、「若い失語症者の集い」、若い当事者が主体的にプログラムを企画立案する「企画グループ瑞穂」、高次脳機能障害の子どもをもつ親の交流会「キッズプラスの会」、高次脳機能障害の夫をもつ妻の会「ミラクル」、若い女性の「レディース」など立場の違う当事者や家族の交流を図り支援しています。また、地域での交流を活発にするため定期的な集まりの場として2004年に地区会を開催、現在は4地区において地域での交流を深め関係機関とネットワークをつくっています。

さらに当事者や家族の支援だけでなく、一般市民やヘルパーなどの専門職を対象にしたセミナーや講習会も開催しています。

若い失語症患者の集いの一コマ

みかんやま

高次脳機能障害者を主体に、就労にむけた支援を行うとともに、地域活動の場としての作業を通して、生活習慣の確立、生活意欲の向上を目的としています。

キッズ

学校のこと、友達関係のこと、兄弟のことなど　日ごろ悩みを抱えて生活している親御さん方が話し合いをする場です。

地区会

地域の障害者団体・グループや社会福祉施設・スタッフの方々の交流の場となっています。

企画グループ「瑞穂」

高次脳機能障害を持つ若者たちが、家族に頼るばかりでなく「自分たちで何かやってみたい」との思いから、2005年に立ち上げたグループです。

ミラクル

妻の立場から日頃悩んでいることや体験を話し合う共有の場となっています。

若い失語症者の集い

言葉が出てこず、うまく話せない失語症。同じ悩みを持つ若者同士で集まって会話を楽しむ交流の場となっています。

6つの支援の紹介
（ホームページより）

特定非営利活動法人
笑い太鼓

愛知

〒440-0047
愛知県豊橋市東田仲の町57
TEL：0532-63-6644
FAX：0532-63-6644
http://waraitaiko.web.fc2.com/index.html
メール：waraitai@mxl.tees.ne.jp

「社会生活能力の再獲得」に向け、愛知県全域で総合的なネットワークと事業を展開

笑い太鼓は１９９８年、高次脳機能障害の当事者と家族が集まって居場所づくりと作業所の運営を始めたことから発足しました。障害を負っても笑って吹き飛ばし、太鼓の響きのように力強く前向きに生きていこうと「笑い太鼓」と命名。２００６年にＮＰＯ法人化し、現在は愛知県内３地域で当事者や家族の相談および総合的な支援事業に取り組んでいます。

豊橋市では、生活介護・就労継続支援Ｂ型・就労移行支援を行う多機能型事業所で一人ひとりに合わせた支援を実践し、豊橋市から委託を受けた相談支援事業所も併設しています。名古屋市では日中活動支援を中心とする地域活動支援センターと居宅介護

笑い太鼓豊橋の通信「卵新聞」

事業、相談支援事業、岡崎市では就労継続支援B型事業所を開設しており、家族、当事者からの相談はもとより日常の居場所の確保から、安定した生活、さらに一般就労もめざした社会復帰に向けた支援をしています。

また、余暇活動支援として毎月第2土曜日に施設を開放し、どのように過ごすかは利用者次第の時間「My Do 探検隊」や、毎週水曜日にボランティアも参加して書道や絵画などの創作をする「ゆとりの日」など、当事者がそれぞれのペースで生活を築けるよう一人ひとりに合わせたプログラムが行われています。

このような「社会生活能力の再獲得」に向けたさまざまな取り組みの他、「笑い太鼓通信」の発行や講演会の開催など、障害の理解を広げるための広報啓発にも力を入れています。

工房「羅針盤」らしんばんの家

大阪

社会福祉法人 豊中きらら福祉会
工房「羅針盤」
〒560-0052 大阪府豊中市春日町3丁目1-41
TEL：06-6152-4770
FAX：06-6152-4771
http://koubou-rashinban.com/index.html
メール：rasinban＠ceres.ocn.ne.jp

関西初、高次脳機能障害に特化したグループホーム「らしんばんの家」を開所

「高次脳機能障害・中途障害の人たちの生きがいづくりの場・社会参加の場をめざす」。１９９８年以来、羅針盤は中途障害者の作業所として活動を続けてきました。２００３年には「羅針盤」、２０１１年には第２工房「羅針盤」を開設。生活介護・就労継続支援Ｂ型事業所である２つの工房に通う利用者は１００人を超えており、全員が中途障害の人たちで、高次脳機能障害者はそのうち約半数です。

利用者は、日中はオリジナルクッキーやせんべい、木工製品、グラスアートなどの作業をこなしています。これらの商品は地域のスーパーやイベント、ネッ

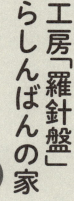

ト販売もしている他、オリジナルグッズなどは個別の注文も可能です。

夜間、自宅での家族の負担軽減や一人暮らしの利用者からのニーズに応えて、2012年12月にグループホーム「らしんばんの家」が開設されました。現在は7人の高次脳機能障害者が入居し、ここから作業所に通っています。「らしんばんの家」は夜間など日常生活の中でリハビリをする場であると同時に、元コックだった人が食事当番をするなど、就労支援の場にもなっています。介護する親の高齢化や夜間・自宅での家族の負担軽減、一人暮らしの当事者を支援する意味においてもグループホームへの入居希望は多く、羅針盤ではさらに施設を増やす予定です。

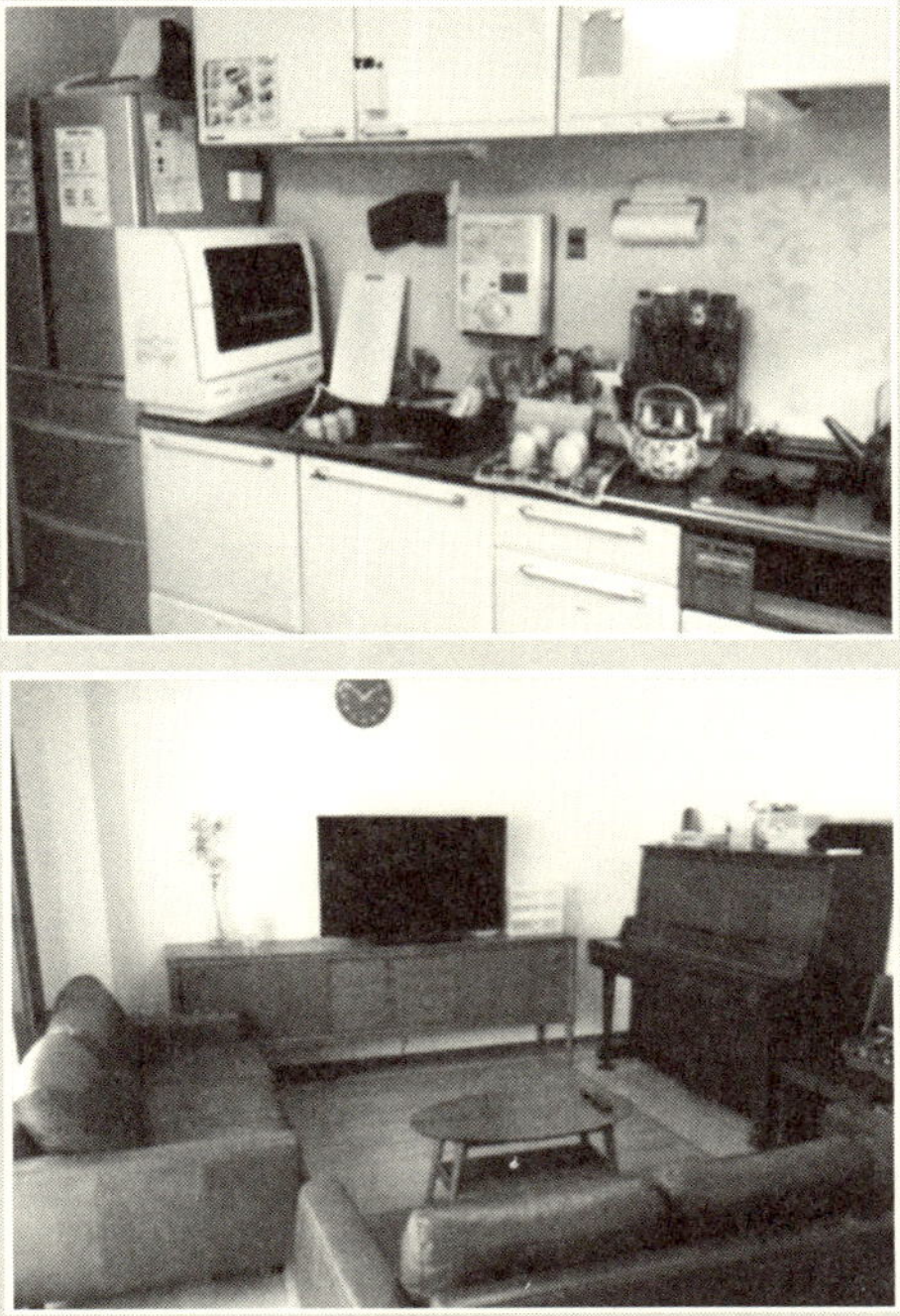

らしんばんの家のリビングとキッチン

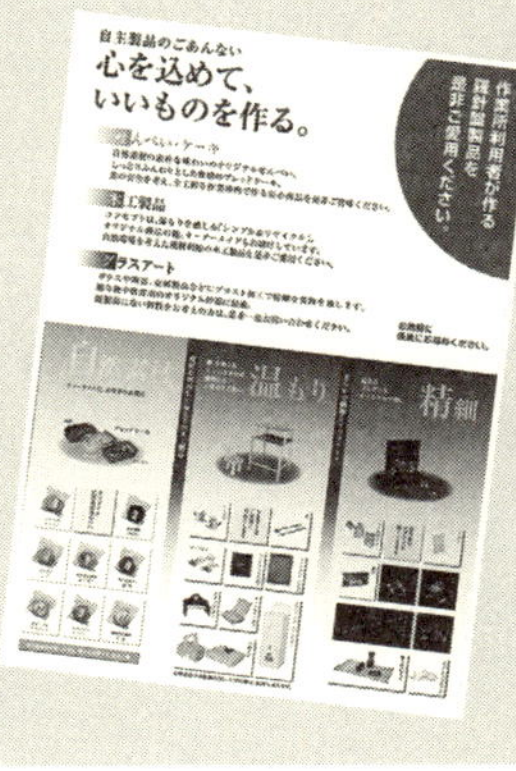

自主制作品を紹介するポスター
(ホームページより)

特定非営利活動法人 福岡・翼の会

福岡

〒810-0072
福岡市中央区長浜1丁目2-6
天神スカイマンション502
TEL：092-732-0539
FAX：092-732-0539
http://www.f-tsubasa.org
メール：npo@f-tsubasa.org

人気の手作り商品ペーパーリースやプッシュ手芸が人気。コンクールでも連続入選

高次脳機能障害の家族会（福岡・高次脳機能障がい者と共に歩む翼の会）を母体として、2010年、高次脳機能障害者の日常生活・社会生活、および家族を支援するNPO法人福岡・翼の会が誕生しました。

翼の会が運営する地域活動センター「翼」は福岡市の中心街、福岡市心身障がい者福祉センターに隣接するビルの1室にあり、日常的にセンターと連携しながら活動しています。主な活動は、脳活性化トレーニングから始まり、箸の袋入れやDMの封入作業（受託作業）と手芸品作りです。また、パソコン教室や声楽・言語聴覚士によるグループワークなど

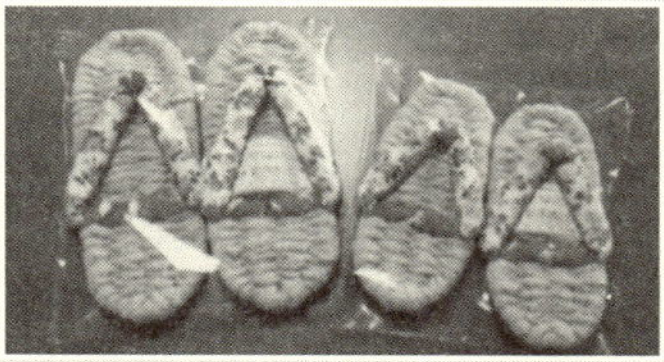

好評の布草履。
浴衣地をリフォームして作る。

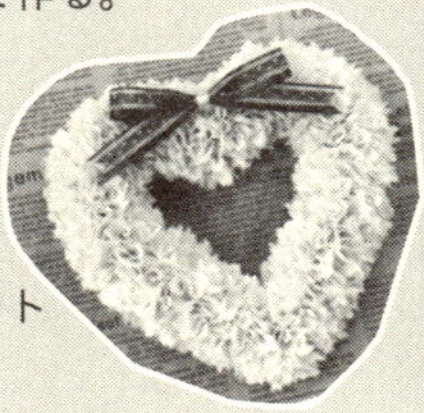

プッシュ手芸とキット
（入賞した作品）

専門指導者による訓練も行っています。

オリジナル商品は福岡市が行っている障害者施設の商品コンクール「ときめきセレクション」で連続入賞しています。2011年に新聞紙のカラーページを利用したペーパーリース、2012、2014年には小さな布を土台に差し込んだハート型のオーナメント「プッシュ手芸」とそのキット。他にも浴衣地を再生した履き心地の良い布草履や松ぼっくりのクリスマスリースなど、手作りの美しい商品が高い評価を得ています。手芸キットは各地のイベントや高齢者施設のワークショップで人気です。

相談会や交流会等を通した家族（会員）支援も行っています。

ペーパーリース（入賞した作品）
英字新聞や広告、写真などカラーの古新聞の再利用

編著

橋本圭司（はしもと　けいじ）

1973年東京都生まれ。医学博士。東京慈恵会医科大学医学部卒業。東京都リハビリテーション病院、神奈川リハビリテーション病院、東京医科歯科大学難治疾患研究所、東京慈恵会医科大学リハビリテーション医学講座などをへて、国立研究開発法人国立成育医療研究センターリハビリテーション科医長、発達評価センター長、医療安全管理室長。

執筆

石井雅史（いしい　まさし）

元競輪選手、現在は自転車競技（パラサイクリング）選手。公益財団法人藤沢市みらい創造財団勤務。

石井智子（いしい　ともこ）

エアロビクス・ヨガインストラクター。雅史さんと結婚後、夫のサポート、育児をしながらインストラクターとして活躍。

輝いて生きる

高次脳機能障害当事者からの発信

2015年5月31日　初版発行

編　著　© 橋本圭司

執　筆　© 石井雅史・石井智子

発行者　田島 英二　info@creates-k.co.jp

発行所　株式会社 クリエイツかもがわ

〒601-8382　京都市南区吉祥院石原上川原町21
電話 075(661)5741　FAX 075(693)6605
ホームページ　http：//www.creates-k.co.jp
郵便振替　00990-7-150584

印刷所　T-PLUS ／為国印刷株式会社

ISBN978-4-86342-164-6 C0036　printed in japan